Нганасанские сказки

느가나산인 이야기

<지식을만드는지식 소설선집>은

인류의 유산으로 남을 만한 작품만을 선정합니다.

오랜 시간 그 작품을 연구한 전문가가

정확한 번역, 전문적인 해설, 풍부한 작가 소개, 친절한 주석을

제공하는 고급 소설 선집입니다.

지식을만드는지식 소설선집

시베리아 설화집

Нганасанские сказки

느가나산인 이야기

작자 미상

박미령 옮김

대한민국, 서울, 지식을만드는지식, 2017

편집자 일러두기

- 이 책은 ≪느가나산의 민담과 전설(Сказки и предания Нганасанов)≫(Наука, 1976), ≪느가나산의 전설과 민담(Легенды и сказки Нганасанов)≫(Красноярское краевое государственное издательство, 1938), ≪겁쟁이 순록: 느가나산 민담(Трусливый олень: Нганасанские народные сказки)≫(Детская литература, 1982), ≪누구의 뿔이 더 클까: 느가나산 민담(У кого рога больше: Нганасанские народные сказки)≫(Малыш, 1977)을 원전으로 삼아 옮긴이가 가려 뽑아 번역했습니다.
- 주석은 모두 옮긴이가 단 것입니다.
- 외래어 표기는 현행 한글어문규정의 외래어표기법을 따랐습니다.

차 례

느가나산인 이야기

천지창조 신화

사람이 나타나기 오래전에 땅 위에는 아무것도 없이 깨끗했다. 풀도 땅 위에 없었다. 당시 땅은 얼음으로 뒤덮여 있었다. 지금도 땅속에는 얼음이 있다.

얼음 천막집은 얼음 위에 있었다. 천막집 안에 한 사람이 있었다. 이 사람은 눈, 몸, 머리까지 온통 하얀색으로 뒤덮여 있었다. 그에게는 친구도 아내도, 아이도, 개도 없었다.

그렇게 이 사람은 친구 없이 얼마 동안 살았다. 그는 혼잣말을 했다.

"아! 난 너무 불행해. 친구를 찾아야 해."

어딘가에 여자가 있다는 소식이 들렸다. 살아 있는 모든 것은 그녀에게 있었다.

이 여자는 눈을 가진 모두에게, 그리고 기어 다니는 벌레들에게, 그리고 날아다니는 새들에게 어머니였다.

이 사람은 길을 떠났다. 지상으로 가지 않고 날아서 갔다. 주변을 계속 날아다니다 위에서 구름을 발견했다. 이 구름 위에는 천막집이 있었다. 거기로 가 보니 한 여자가 있었다. 남자가 그녀에게 말했다.

"당신은 누구십니까?"

"제가 어떤 여자냐고요? 생명을 가진 모든 존재, 모든 벌레들, 새들에게 저는 어머니이죠. 내 배에서 그들 모두가 태어났답니다."

"나는 당신에 대한 이야기를 듣고 놀러 온 겁니다. 당신과 놀고 싶어요. 전 친구가 없어요. 친구 없이 어떻게 살 수 있겠어요? 당신과 놀 거예요. 그러면 친구가 태어나겠죠."

며칠 동안 함께 밤을 보냈다. 이후 곧 아이가 태어났다.

아이를 낳은 후 여자가 말했다.

"데리고 가세요. 나의 천막집에 오래 머물 수 없어요. 아이를 데리고 가세요."

여자는 아이를 내주었다. 그 사람은 아이를 꼭 잡았다. 이 사람으로 인해 생겨난 이 아이는 풀 한 잎이었다.

"데리고 가세요. 이 아이 때문에 당신의 얼음 같은 대지는 이끼와 풀로 덮일 거예요." 여자가 말했다.

이 사람은 풀인 아이를 데리고 갔다. 천막집 근처 얼음 위에 풀잎을 놓았다. 3일 후 보니 풀이 자라기 시작했다.

매일 보았다. 얼음은 손바닥만큼 풀로 덮였다. 7일이 지나자 풀로 덮인 면적은 천막집의 면적과 동일해졌다. 그러자 하얀 사람이 말했다.

"날아가는 뭔가, 신 같은 뭔가가 여기에 앉을 수 있어. 만약 날아가는 뭔가가 앉는다면 나의 대지는 커지지 않을 거야."

어떻게 하면 좋을지 생각했다. 그는 그 여자에게로 다시 갔다.

"왜 다시 왔어요?"

"다시 여기서 자고 놀아야겠어요." 인간이 말했다.

그들은 이제 다시 밤을 보냈다. 며칠을 함께 보냈다.

여자가 말했다.

"아이가 다시 태어났어요. 여기서 더 이상 잘 수 없어요. 아이를 데리고 가세요."

인간은 아이를 데리고 갔다. 아이가 순록처럼 보였다. 다리가 넷이고 머리와 몸이 순록이었다. 뿔은 없었다. 순록 아이가 자라자 아버지가 아이에게 말했다.

"아들아, 너는 마치 순록처럼 생겼구나. 이 땅은 자랄 것이다. 너는 이 땅을 지켜라. 날아다니는 신이 어딘가에 있다. 그 신은 이 자라는 땅에 날아올 것이다. 그를 멀리 쫓아 버려라."

아들은 밖으로 나갔다. 태어난 어린 땅에 누웠다. 어떤 소리가 들렸다. 날아다니는 신이 왔다. 순록 같은 모습을 하고 있었다.

태어난 땅에 앉으려 했다. 주위를 날아다녔다. 인간의 아들이 말했다.

"왜 우리 가까이에 앉으려는 거죠? 저 멀리 가세요. 여기는 당신이 필요 없어요."

"넌 왜 내가 필요 없어? 땅이 아깝니? 너를 어떻게 막지?"

"이 땅은 제 땅입니다. 왜 당신은 제 땅에 앉으려고 하십니까?"

대화를 한 후 싸웠다. 날아다니는 신은 뿔이 있었다.

하얀 인간의 아들에게는 뿔이 없다. 하루 종일 이마로 싸웠다. 뿔을 어떻게 이기지? 뿔이 없잖아. 날아다니는 신의 날카로운 뿔이 이길 수 있었다. 그렇게 뿔이 있는 순록은 하얀 인간을 이겼다. 하얀 인간의 아들이 말했다.

"뿔이 없으니 안 좋아. 어떤 신이든 오게 되면 어떻게 이길 수 있겠어? 태어난 땅을 빼앗기게 될 거야. 아버지에게 뿔을 달라고 해야겠어. 만약 하얀 인간인 아버지가 나에게 뿔을 주면 난 신을 이길 수 있어."

아버지에게로 갔다.

"아버지, 땅을 놓치겠어요. 뿔 없이 어떻게 싸우겠어요? 뿔이 달린 신이 저에게서 땅을 빼앗아 갈 거예요."

하얀 인간이 말했다.

"어떻게 하면 되는 것이냐?"

하얀 인간은 어딘가에서 가방을 가지고 왔다. 철과 은으로 만든 가방이었다. 가방을 열었다. 거기서 커다란 돌을 꺼

냈다. 그 돌을 뿔처럼 아들의 머리 위에 놓았다. 그런 다음 다시 가방에서 매머드의 뿔을 꺼냈다. 그것을 다른 뿔처럼 놓았다.

"이 뿔로 싸워라. 신을 쫓아 버려."

아들은 두 개의 뿔을 가지고 떠났다. 자신의 작은 땅 위에 누워 있었다. 위에서 다시 뿔 달린 순록 신이 왔다.

"하얀 인간의 아들아, 나에게 땅을 내주겠느냐? 내가 여기서 살아도 되겠느냐?"

"당신에게는 땅이 있습니다. 그 땅에서 사십시오. 전 제 땅에 당신이 내려오는 것을 조금도 원하지 않습니다."

"만약 너의 땅이 아깝다면 빼앗아야겠구나."

"뺏기를 원하신다면 해 보십시오."

이제 뿔끼리 싸웠다. 며칠 동안 이 땅 위에서 싸웠다. 이번에 하얀 인간의 아들은 신을 이겼다. 신이 말했다.

"하얀 인간의 아들아, 나를 놓아 다오. 곧 내 땅으로 가겠노라."

"가고자 하신다면 놓아드려야죠."

뿔 달린 신은 곧 날아갔다. 하얀 인간의 아들은 계속 이 땅 위에 있다. 모든 신들을 쫓아 버렸다. 땅을 내주지 않았다. 땅은 계속 성장해서 매우 커졌다. 인간의 아들은 생각했다.

'나의 아버지가 뭔가 말씀해 주실 거야. 그에게로 가야겠어.'

그는 아버지에게로 갔고 아버지가 물었다.

"아들아, 어떻게 신을 이겼느냐? 땅은 성장했느냐?"

"겨우 이겼어요. 땅은 조금씩 커져 가요."

땅은 몇 미터가 되었다. 얼음 땅은 풀로 뒤덮였다.

아들이 아버지에게 말했다.

"하얀 인간인 아버지, 저는 어떻게 살아야 하나요?"

"어떻게 살아갈 것이냐? 너는 나의 이름을 아느냐?"

"아버지, 당신의 이름을 어떻게 알 수 있습니까?"

"나의 이름은 다음과 같다. 처음에 나는 얼음 속에서 살았다. 천막집, 지붕, 이 모든 것이 얼음으로 된 것이었다. 나는 땅의 신이다. 네가 땅의 표면을 지킨다면 너의 이름은 거기서 생겨날 것이다. 그러므로 너의 이름은 모우 타(땅의 순록)로 해라. 너는 새 땅의 신이 되었다. 앞으로 너의 땅을 너는 영원히 지켜야 할 것이다. 너는 영원히 뿔을 지니게 될 것이다. 뿔 하나는 돌로 된 것이며 다른 뿔은 매머드의 것이다. 언젠가 인간들이 여기서 태어날 것이다. 너는 그들을 보호해라. 날아다니는 신이 이 땅에 결코 발을 들이게 해서는 안 된다. 그를 쫓아내."

그렇게 하얀 인간이 말했다. 새로운 땅의 신은 땅 위에 앉아 있었다. 날아다니는 신들이 여럿 왔다. 매일 그들과 싸웠다. 하얀 인간의 아들은 날아다니는 신들 모두를 이겼다.

강한 그는 불행해졌다.

불쌍한 인간은 말했다.

"다시 그 여자에게 놀러 가야겠어. 놀고 싶어. 또 아이들을 낳아야 해. 많아지면 그들은 내 친구가 될 거야."

하얀 인간은 날아서 갔다. 마침내 도착했다.

"나의 남편이여, 뭘 원하십니까?"

"놀고 싶어. 그래서 왔어."

며칠 동안 하얀 인간은 그 여자 집에 머물렀다.

다시 그녀는 아이를 낳았다. 딸과 아들 쌍둥이였다.

여자가 말했다.

"두 아이를 데리고 가세요. 저의 집에 오래 계시면 안 돼요. 당신 집으로 가세요."

하얀 인간은 두 아이를 데리고 가서 새로운 땅에 놓았다.

새로운 땅의 신인 순록에게 말했다.

"너는 이 두 아이를 지켜라. 날아다니는 신들이 이들을 먹게 해서는 안 된다. 아이들을 키워라. 한 아이는 여자아이고 다른 아이는 사내아이다. 아이들이 놀게 해. 그러면 앞으로 많은 인간들이 태어날 것이다."

두 인간은 장성했다. 그들은 함께 살며 놀았다. 많은 아이들이 태어났다.

새로운 땅의 신은 이 사람들에게 말했다.

"내가 이 뿔들을 어떻게 해야 할까? 뿔은 너무 무거워. 어떻게든 뿔을 제거해야 해. 그러면 더 가벼워질 거야. 손으로 제거해야겠어."

그들은 수컷 순록의 뿔을 제거하듯이 그의 뿔을 제거해주었다.

돌 뿔이 제거되자, 모든 순록처럼 그는 머리를 돌릴 수 있게 되었다. 뿔에서 겉껍질이 아주 멀리 떨어졌다. 돌 뿔에서 껍질이 떨어진 곳인 툰드라에 돌 산맥이 생겨났다.

이것은 새로운 땅의 신에게서 나간 뿔의 껍질들이다.

다른 뿔이 제거되었을 때 그는 다시 머리를 돌릴 수 있게 되었다. 지금도 사람들은 매머드 뿔이 제거된 거기, 땅속에서 매머드 뿔의 조각들을 발견한다.

새로운 땅의 신은 말했다.

"두 개의 뿔이 제거되었지만 뭔가가 있을 거야. 아버지에게로 가야겠어. 그는 뿔의 제거에 관해서 뭔가를 말할 거야."

새로운 땅의 신은 하얀 인간인 아버지에게로 갔다.

"아들아, 뿔은 어떻게 했니? 제거한 거니?"

"모두 제거했어요."

"돌 뿔에서 돌이 나오게 해라. 새로운 땅은 매우 부드럽고 가벼워. 이제 너의 뿔에서 나온 돌들이 땅을 단단하게 할 것이다. 땅을 가볍게 하지 마라. 만약 새로운 땅이 너무 가벼운 채로 있으면 언젠가 땅은 움직여서 떨어질 거야. 돌은 단단하니까 땅이 떨어지지 않게 할 거야. 땅은 항상 같은 자리에 있게 될 거야. 매머드 뿔의 껍질도 어디에 떨어지든 그렇게 될 것이다. 두 사람이 지금 태어났다. 그들에게서 아이들이 태어나고 분리될 것이다. 사람들이 많아질 거야. 그러면 많은 사람들이 가난해질 것이다. 사람들이 매머드 뿔의 껍질을 러시아 사람들에게 돈을 받고 팔도록 해라. 그러면 사람들은 잘 먹고 부자가 될 것이다."

새로운 땅의 신인 순록이 말했다.

"나의 뿔은 이제 제거되었습니다. 돌산이 많아졌습니다. 아마도 그 산들은 철을 만들어 낼 것입니다. 사람들은 철로 무엇이든지 만들 겁니다."

이제 태어난 사람들이 많아졌다. 순록들이 태어나고 온갖 것들이 태어났다. 야생 순록들이 태어났다. 새로운 땅은 온통 풀로 덮였다. 여러 곤충과 모기들이 땅에 나타났다. 그때 새로운 땅의 신인 순록이 말했다.

"나는 이제 잠을 잘 것이다. 날아다니는 신은 땅에 앉지 않을 것이다. 땅은 이제 가볍지 않다. 날아다니는 신은 땅에 아무 짓도 하지 않을 것이다."

그는 풀이 난 땅을 팠다. 구멍에 누워 문을 닫고 잠이 들었다. 그는 오랫동안 거기에 누워 있었다. 마침내 일어나 땅 위로 나왔다. 어딘가에서 나타난 쥐가 말했다.

"주인님, 저는 어떻게 살아남을 수 있어요? 누구든 저를 이겨요. 어떻게 살아남을 수 있죠? 담비와 북극여우가 저를 이겨요. 저는 살아남을 수 있을까요? 제 동족은 어떻게 태어났죠? 저에게 무슨 말씀이든 해 주세요."

"어떻게 생겨났냐고? 너의 동족은 너무 가벼워. 내가 나의 돌 뿔을 위로 던지면 거기서 먹구름이 생길 거야."

새로운 땅의 신은 뿔을 위로 던지고 다시 말했다.

"이제 먹구름에서 비와 눈이 내릴 거야. 새로운 땅을 덮겠지. 너는 다시 숨게 될 거야. 누구도 너를 발견하지 못할 거야. 너는 그렇게 살면 돼. 그러나 눈이 내내 고르게 쌓여 있지는 않을 거야. 다양하게 있게 되겠지. 눈이 내리면 그 뒤에 녹은 땅이 있고 그런 다음 다시 눈이 내릴 거야. 그렇게 되면 너의 동족은 곧 죽지는 않을 거야."

쥐가 대답했다.

"눈이 내리고 그런 다음 어떻게 되는 거죠? 더 오래되면 겨울인가요? 여름인가요? 저는 겨울이 더 길고 여름이 짧은 게 좋아요. 만약 겨울이 짧으면 저는 곧 죽을 거예요. 만약 눈이 오래 있어 준다면 저의 동족은 숨을 수 있죠."

새로운 땅의 신인 순록이 말했다.

"가능하지. 겨울이 길고 여름이 짧도록 해 줄게. 쥐야, 그건 너에게 도움이 될 거야. 그 도움을 이용해. 이제 나는 매머드 뿔도 위로 던질 거야."

뿔을 위로 던졌다.

"내가 이 뿔을 위로 던지면 그렇게 될 거야. 깨끗한 하늘은 매머드 뿔에서 생겨나거든. 강한 추위가 올 거야. 땅과 물은 얼어 버릴 거야."

강한 추위가 만들어졌다. 검은 먹구름에서 눈과 비가 내리기 시작했다. 천둥이 치자 돌들이 위에서 두드리는 소리를 냈다. 번개가 치자 돌에서 불꽃이 일었다.

다시 새로운 땅의 신인 순록이 말했다.

"생명이 태어나면 우리 느가나산인들, 퉁구스인들은 계속되는 강한 추위에 힘들어질 것이다. 먹구름이 오면 더 따뜻해질 것이다. 먹구름이 온기를 지니게 하라."

그 때문에 매우 추운 날에 하늘이 먹구름으로 덮이면 따뜻해진다. 바람이 구름을 위로 몰아가면 매우 추워진다. 깨끗한 하늘은 우리가 매머드 뿔을 보는 것이다.

땅 위의 모든 사람들은 모우 느구오(모이 신)에게서 태어난 사람들이다. 땅 위의 모든 것은 그렇게 태어났다. 새로운 땅은 그렇게 살아남게 되었다. 무엇이든 만들면 지상에 나타났다.

땅은 자신의 모든 것을 희생해 인간에게 먹을 것을 제공했다.

아버지는 땅의 신 시루타 느구오(얼음신)다.

아밤 느가나산인이 등장하게 된 이유

처음에 인간들은 활만 가졌다. 당시 우리 땅은 강의 하류에 있었다고 들었다.

우리는 강 하류에 정착해서 그물로 야생 동물을 잡았다. 사냥이 끝나면 천막집으로 돌아왔다. 사람들은 멀리 걸어 다녔다. 돌아가면서 길을 가로막는 물을 보았고 그 물 때문에 땅이 보이지 않았다.

"천막집에 어떻게 가지? 다른 길을 찾아야겠어."

주변을 걸어 다니다가 다른 사람들을 만났다. 소마투인[1]을 만나서 그들과 합류했다.

소마투인들이 말했다.

"타지 사람들이여, 당신들은 어디서 오시는 겁니까?"

"길을 찾아서 왔습니다."

"왜 당신 땅을 떠난 것입니까?"

"물이 우리를 갈라놓았습니다."

"물을 헤엄쳐서라도 당신들 땅으로 가십시오. 당신들 모두가 죽는다 해도 우리는 당신들을 받아들일 수 없습니다."

---

1) 예네츠인을 가리키는 말.

"쫓아내는 것보다 아내들을 주는 것이 더 나을 것이오. 이 땅은 우리 땅이 될 것이오. 우리는 여기서 살 테니까."

"아내들을 내어 주지 않을 것이오." 소마투인들이 말했다.

"그럼 전쟁이오."

"그럽시다." 소마투인들이 말했다.

활을 들고 싸우기 시작했다. 소마투인들과 우리 사람들은 땅을 나눴다. 이 전쟁은 이제 막 땅이 생겨났던 오래전에 있었다.

우리 사람들은 소마투인들을 죽였다. 아밤인[2]들은 강했다. 소마투인들은 예니세이 강 기슭 위로 떠났다. 아밤인들은 아내를 취했다.

소마투 여인들이 소마투인이 입는 것과 같은 뿔이 달린 소쿠이[3]를 우리에게 지어 주었다. 우리의 낡은 파르키[4]는 지금 여성들이 입는 것과 같은 것이었다.

우리 종족은 강했다고 전해진다. 예니세이 강 주변은 유라크인[5]의 땅이었다. 유라크인들은 그들에게 온 소마투인

---

2) 아밤 느가나산인.

3) 모자 달린 웃옷.

4) 모피로 만든 상의.

들에게 말했다.

"우리 땅에 왜 온 거요?"

"아밤인들이 우리보다 더 강했습니다."

"우리는 그건 모르는 일이오. 전쟁을 벌입시다." 유라크인들이 말했다.

"소용없습니다. 그렇게 해 봐야 아무런 소용도 없어요." 소마투인들이 말했다.

어쨌든 유라크인들은 아밤인들과 싸우기로 결정했다.

바르하토프[6] 맞은편에 언덕이 있었다. 이 언덕의 이름은 코모구오다. 이 언덕 주위에서 전쟁이 벌어졌다. 유라크인들은 여기에서 완전히 패배했다. 몇몇은 살아남아서 자비를 구했다. 이후 유라크인들은 멀리 떠났다.

이후 상류 쪽에서 러시아인들이 왔다. 그들은 우리가 매우 강하며 활을 아주 잘 쏠 줄 안다는 소문을 들었다. 그들을 러시아인에게 어떻게 복종시키지? 러시아인들은 우리 동족 중 한 사람에게 말했다.

"네가 너의 동족을 가르쳐라."

그 사람이 말했다.

---

5) 네네츠인.

6) 툰드라 지방, 두딥타 강 옆에 위치.

“내가 동족을 어떻게 가르친단 말이오?”

러시아인들은 종이를 주었고 거기에 관리들이 적혀 있었다. 또 철로 만든 도장을 주며 말했다.

“우리 주인은 황제이고 너의 주인도 황제다. 네가 직접 너의 동족 중에서 말 안 듣는 이들을 죽여라. 너의 동족들은 강하고 우리 민중도 강하니, 두 민족이 같다.”

그렇게 그는 우리 공후가 되었다. 활을 빼앗고 옛날식으로 여자들을 힘으로 취할 수 없게 되었으며 재판을 받았다. 아내를 맞이하기 위해서는 돈을 지불해야 했고 그러면 아내를 얻을 수 있었다. 아이들이 태어나고 평화롭게 살기 시작했다.

갈매기

두 사람이 길을 잃었다. 그들은 순록을 방목하고 헤매 다녔다. 너무 지쳤으며 심지어 먹을 것 하나 없었다. 그런데 갑자기 세 개의 천막집과 만났다. 첫 번째 천막집을 방문했다. 그 안에는 장례를 치른 여자가 있었다.

그녀가 말했다.

"어머, 손님들이 오셨네. 대접할 것이 아무것도 없군요. 보시다시피, 제 주인들은 무덤에 먹을 것을 하나도 남겨 두지 않았어요."

(죽은 자들에게 고기를 남겨 주면 저쪽 세계에서 굶는다는 말이 있다.)

두 번째 천막집에 들렀다. 거기에도 그런 여자가 있었다. 그 여자는 한마디도 하지 않아서 그들은 거기서 나왔다.

세 번째 천막집에 들렀다. 거기에 여자가 앉아 말했다.

"저에게 먹을 것이 있으니 드세요. 그렇지만 저에게 불은 없어요. 보시다시피 주인들이 저에게 성냥을 남겨 두지 않았거든요. 굶주린 채로 다니는 것보다 약간의 고기 기름이 있으니 받으세요."

그중에 손아랫사람은 이 기름을 먹었다. 그들이 나갈 때

손윗사람이 말했다.

"너는 그걸 왜 받아? 죽은 자에게서 먹을 것을 받았으니 우리에게 무슨 일이 생길 거야."

손윗사람은 친구에게 그 기름을 버리게 했지만 친구는 그 기름을 장갑 속에 숨기고 버렸다고 거짓으로 말했다.

그런 다음 그들은 걸어가다가 또 하나의 커다란 천막집을 보았다. 작은북 소리가 들리는 것을 보니 샤먼이 굿을 하고 있는 모양이었다. 가 보니 정말 샤먼이 굿을 하고 있었고 불이 겨우 보일 정도였다. 그들이 서로 말을 주고받을 때 불은 내내 그들의 말 다음에 소리를 냈다.

샤먼이 말했다.

"아마도 우리에게 손님이 온 것 같군. 우리 불이 소리를 내잖아."

기름을 가지고 있던 청년은 아가씨를 보고 그녀 옆에 앉았다. 그는 내내 그녀를 꼬집었다.

그녀가 소리쳤다.

"어머, 옆구리를 찔러요."

그녀의 아버지가 샤먼에게 말했다.

"샤먼님, 누가 우리에게 온 걸까요? 당신은 왜 보지 못하는 거죠?"

샤먼이 말했다.

"두 개의 문(저세상에 있는 두 개의 문) 사이에 두 손님이 앉아 있습니다. 한 사람은 곧 행복해질 것이고 자신의 세계로 갈 겁니다. 다른 사람의 장갑 속에 수수께끼가 있습니다. 그는 그것을 알아맞혀 보라고 요구했습니다."

장갑 안에 기름이 있는 그 사람은 이 말을 듣고 친구에게 말했다.

"빨리 가자."

그들이 나갔을 때 친구가 말했다.

"네 장갑에 무엇이 있는 거야? 어디 보자."

"없어, 아무것도 없어, 빈 장갑이야."

그는 보여 주지 않았고 그렇게 그들은 계속 길을 갔다.

보니 더 큰 천막집이 서 있었다. 그 안에서 왁자지껄하는 소리가 들렸다.

장갑 안에 기름이 없는 사람이 듣고 생각했다. '어떤 특별한 사람들인 것 같아. 아마 사람이 아닐지도 몰라.'

다른 사람은 아무 소리도 듣지 못하고 걸어갔다.

그다음 첫 번째 사람이 말했다.

"지나쳐 가자, 이 천막집엔 들르지 말고."

그러자 그 사람이 말했다.

"아냐, 들르자. 어떤 사람들이 사는지 보자."

"들르겠지만 네가 앞장서서 가."

"알았어. 내가 앞장서서 갈게."

그들은 방문하자마자 천막집 안에 갈매기들이 꽉 들어앉아 있는 것을 보았다.

현명한 사람이 말했다.

"내가 사람이 아니라고 말했는데 네가 말을 듣지 않았어."

"넌 뭐가 두려운 거야?"

갈매기들이 그들을 보자 곧 잠잠해졌다.

현명한 사람은 어리고 튼튼한 얼룩 갈매기 두 마리가 서로 마주보며 아궁이 가장자리 이곳저곳에 앉아 있는 것을 보았다. 그리고 혼자 생각했다. '저 갈매기들이 아가씨들인 것 같은데.'

그런 다음 큰 갈매기 한 마리가 튀어나오더니 뭔가를 말했다. 현명한 사람은 생각했다. '저 갈매기는 '얼룩 갈매기 근처에 앉으세요'라고 내 친구에게 말하고 있군.'

친구는 거기에 앉았다. 다음에 갈매기는 다시 뭔가를 말했다.

현명한 사람은 생각했다. '나보고 다른 얼룩 갈매기 근처에 앉으라고 말하는 것 같군.'

그 역시 가서 앉았다. 그런 다음 잠자리에 들었다. 현명한 사람은 시키는 대로 했지만 밤새 잠을 잘 수 없었다. 그의 친구는 깊은 잠에 빠졌다. 현명한 사람은 겨우 잠이 들었는데 천막집 안에선지 천막집 근처 바깥에서인지 어떤 떠들썩한 소리가 나는 것을 들었다. 일어나 앉았다. 그리고 갈매기 모두가 그의 친구를 공격하고 그를 조각조각 물어뜯는 것을 보았다.

그는 앉아서 울며 말했다.

"너희들은 뭘 하는 거야, 왜 그러는 거야?"

갈매기들이 말했다.

"집으로 가세요. 우리는 당신을 건드리지 않을 거예요. 당신은 도중에 아무런 나쁜 짓도 하지 않았으니까요."

그렇게 해서 그는 집으로 갔고 무사히 도착했다.

이게 전부다.

느가나산인 '3사젠[7] 손'과 그의 아들

옛날에 부유한 느가나산인 '3사젠 손'이 살았다. 그에게는 늙은 아내, 장성한 딸과 요람에 누운 한 살배기 아들이 있었다. 천막집에서 아가씨는 열린 입구 앞에 앉아서 바느질을 하다가 툰드라에서 그들 집으로 순록썰매 세 대가 다가오는 것을 보았다. 아가씨는 갑자기 천막집이 세 채 세워지는 것을 보고 놀랄 겨를도 없었다.

그녀는 당황해서 도착한 사람들이 자신을 보지 못하도록 자신의 천막집을 다른 쪽으로 돌렸고 다시 저 멀리 세 채의 천막집이 세워졌다. 그녀는 천막집을 세 번째 방향으로 돌렸다. 그러자 이번에는 여섯 무리의 대상이 왔고 여섯 채의 천막집이 세워졌다. 또 한 번 그녀는 자신의 천막집을 돌렸지만 열두 무리의 대상이 오는 것을 보았고 열두 채의 천막집이 그녀 앞에 세워졌다. 총 스물네 채의 천막집이 그녀를 에워쌌다. 마지막 열두 채의 천막집이 오자 3사젠 손을 가진 노인이 그들을 보며 말했다.

"불행이 오는군. 그들이 와서 딸에게 청혼을 하려 할 거

---

7) 사젠(сажень)은 러시아 고대 도량형으로 2.134미터 정도다.

야. 만약 딸을 한 사람에게 내어주지 않으면 다른 사람들이 우리를 죽일 거야."

그때 첫 번째 세워진 천막집들에서 매파 세 명이 선물을 가지고 왔다. 천막집 앞에 멈춰 서서 노래를 부르며 아가씨에게 청혼했다. 노인은 그들에게 나가서 딸을 내주지 않겠다고 하며 등을 보였다. 이번에는 다른 세 채의 천막집에서 세 명씩, 여섯 명씩, 열두 명씩 매파를 보내왔지만 노인은 그들 모두를 거절했다.

그때 남자들이 유목민 캠프에서 나와 노인에게 딸을 달라고 소리치기 시작했다. 끔찍한 소음이 천막집 주변에서 일었다. 그때 노인이 말했다.

"천막집에서 사라지기보다 내가 직접 그들과 싸우러 나가는 게 좋겠다. 그들에게 본때를 보여 줘야겠어. 딸아, 동생을 지켜 다오. 네가 죽더라도 그 아이를 살려야 해."

활과 화살을 잡고 천막집에서 나갔다. 천막집 전체가 화살로 너덜너덜해진 싸움이 시작되었다. 노파도 말했다.

"남편과 함께 죽겠다."

노파는 활과 화살을 들고 천막집에서 나갔다. 노파는 세 명의 용사가 노인의 옆구리를 찌르는 것을 보고 활을 겨누어 하나의 화살로 그들 모두를 꿰뚫었다. 처녀는 남동생을 안고 싸움이 진행되는 내내 앉아 있었다. 결국 잠잠해졌다.

용사 하나가 천막집 안을 들여다보며 아이를 안고 앉아 있는 그녀를 발견하고 다른 사람들에게 말했다.

"우리가 왜 싸운 거야? 이 여자는 처녀가 아니라 아줌마야."

"이 여자는 아줌마가 아니라 처녀야." 다른 사람들이 말했다.

이 용사는 들어가서 처녀를 잡으려고 했다. 그러나 그녀는 그녀에게서 멀리, 산맥, 호수, 강 들을 지나 날아갈 정도로 그를 밀쳤다. 용사는 돌아와서 그녀의 아버지와 어머니는 죽었다고 처녀에게 좋게 말하고 그녀가 갈 곳은 그 어디에도 없다고 했다. 처녀는 생각하더니 그와 유목 생활할 것에 동의했지만 남동생과 함께 덮개가 있는 개별 썰매를 타고 가겠다고 했다. 용사는 동의했다. 그는 순록을 묶고 그녀의 재산을 실었다. 처녀는 그와 함께 남동생을 안고 갔다. 3년이 흘렀다. 처녀는 남동생을 데리고 유목 생활을 다녔다. 용사가 자신에게 오는 것을 계속해서 허락하지 않았다.

3년 동안 남동생은 진정한 남자로 성장했다.

용사는 청년을 죽이기로 했다. 용사는 '그가 나중에 우리 모두를 죽일 거야'라고 생각했다. 용사는 처녀의 관심을 끌기 위해 처녀와 싸우기로 결정했고 그의 아버지는 그때 지팡이로 청년을 죽이기로 했다. 그러나 다시 용사는 처녀가 밀자 튕겨 나갔다. 그녀는 그때부터 청년을 썰매 안 덮개 밑에 숨기기 시작했다. 그러나 그녀에게는 힘든 일이었다. 어떤 일이 있어도 동생을 죽이지 못하도록 계속 지켜야 했다. 그래서 그녀는 그에게 말했다.

"눈 속에 숨어, 그리고 우리에게서 멀리 떨어져. 내가 너를 위해 눈에 꽂아 둔 지팡이 아래에 음식, 옷을 넣어 둘게. 그러면 넌 우리 발자국을 따라와."

그렇게 청년은 줄의 흔적을 따라 걸어갔다. 천막집이 놓여 있던 자리마다 누나가 남겨 둔 음식을 발견했다. 어느 날 줄은 커다란 강에 이르렀고 얼음을 건너갔다. 청년은 조용히 걸어갔고 강에 이르자 얼음은 이미 사라져서 강 주변을 돌아서 가야 했다.

그는 강의 흐름을 따라 아래로 강기슭을 걸어갔다. 어느 정도 시간이 지나서 강기슭 위에서 덮개가 있는 썰매를 발견했고 그 주변에서 올가미에 걸린 순록들을 보았다. 썰매 안에서 그는 옷과 음식을 발견했다. 그가 순록들을 묶고 썰매 안에 눕자 썰매를 순록이 끌었다. 어디로 가는지 그 자신도 알지 못했다.

순록들은 그렇게 그를 오랫동안 싣고 다니다가 마침내 커다란 가축 무리 근처에 멈췄다. 이 가축 무리는 청년 아버지, '3사젠 손' 노인의 것이었다. 유목인의 아들이 썰매에 다가가서 그 안에 사람이 있는 것을 보았다. 그는 천막집으로 곧장 달려가 자신의 아버지인 유목인에게 말했다. 유목인 노인은 주인의 썰매와 순록들을 알아보고 이 사람이 '3사젠 손' 노인의 아들이라고 짐작했다. 그는 청년을 자신의 천막집으로 데리고 와서 장성할 때까지 그곳에서 살게 했다.

언젠가 유목인의 두 아들이 청년과 함께 높은 산으로 갔다. 청년은 산 정상에 누워 움직이지 않았다. 유목인의 아들들은 그를 밀고 당겼지만 어떻게 할 수가 없어서 산 위에 남겨 두었다. 집에서 이에 대해 아버지에게 말했다. 늙은 유목인은 청년을 깨우라고 장남을 보냈지만 아들은 아무것도 못하고 돌아왔다. 둘째를 보냈지만 소용없었다. 자신이 직접 갔다.

누워 있는 청년의 머리맡에 앉아서 말했다.

"나는 네가 뭘 슬퍼하는지 알고 있다. 만약 네가 결정했다면 가자. 나는 너를 막지 않을 거야."

그러자 청년이 일어나서 천막집으로 돌아갔다. 노인은 다시 그와 이야기를 했다.

"네 아버지의 가축 무리에는 외뿔 순록이 두 마리 있어. 이 순록들은 매우 빠르고 강하지. 그 순록들은 길이가 60사젠이 되는 청동 올가미로만 잡을 수 있어. 너에게 힘이 있다면 이 올가미를 잡아."

청년은 60사젠의 청동 올가미를 잡고 가축 무리 쪽으로 갔다. 두 마리의 외뿔 순록은 다른 가축보다 사람들에게서 멀리 떨어져 있었다. 청년은 그 순록들에게로 다가가지 않고 올가미를 저 멀리 던져 한 마리를 잡았다. 또 한 번 올가미를 던지자 다른 순록이 그 안으로 곧장 들어왔다.

청년은 청동 끈이 달린 철 썰매를 매서 철 지팡이를 잡고 북쪽으로 갔다. 전쟁터에 이를 때까지 툰드라를 오랫동안 달려갔다. 많은 사람들이 죽었고 그들 중에 철갑을 입은 용사가 있었다. 청년은 또 여러 날 동안 다른 전쟁터를 찾아 달렸다. 시체 가운데 또 다른 용사가 동으로 된 옷을 입고 누워 있었다. 또 며칠 후에 청년은 사람들의 시체를 만났다. 온 대지가 얼음처럼 시체로 뒤덮여 있었다. 은갑을 입은 용사가 시체 사이에 있었다. 청년은 누가 이런 막강한 용사들을 죽일 수 있었는지 놀라웠다. 그와 힘을 겨뤄 보고 싶었다.

청년은 더 먼 툰드라로 내달려서 홀로 서 있는 천막집을 만났다. 천막집에 인간의 발자국이 나 있었다. 발자국 간의 거리는 달리기 선수가 세 걸음을 쏜살같이 뛰어야만 하는 정도였다.

청년은 천막집 안에서 노파 한 명을 발견했다. 그는 이 노파가 그의 숙모라는 것을 알지 못했다. 그녀는 남편이 여러 세월 동안 어떤 용사들과 싸우고 있는 형제를 도우러 갔다고 말했다.

청년은 자신의 숙모에게 아무 말도 하지 않고 그녀의 남편 발자국을 따라 길을 떠났다. 청년은 몇 베르스타[8]의 거리에서 발자국을 찾아냈고 마침내 그 앞 저 멀리 전투가 진행되고 있는 것을 보았다.

세 명이 또 다른 세 명을 공격하고 있었다. 셋은 물러서고 후퇴했으며 셋은 공격하고 물러서지 않고 도망가지도 않았다. 그들이 누구를 공격하는지도 모르면서 청년은 후퇴하는 사람들에게 화살을 쏘아 세 명 모두를 죽였다.

그때 공격하던 세 명은 그에게로 돌아섰고 그는 한 명은 아버지이고 다른 한 명은 어머니라는 것을 알아보았다. 아버지는 말없이 그에게 다가가 그와 함께 썰매를 부수었다. 그런 다음 아버지, 어머니, 삼촌, 셋 모두 그의 썰매를 타고 떠났다. 청년은 폴짝폴짝 뛰어 그들 뒤를 달려갔다. 그렇게 썰매에서 뒤처지지 않고 천막집까지 달려갔다. 천막집 안에서 그들은 음식을 먹었지만 청년 혼자 먹지 않고 그들과 말도 하지 않았다.

아침에 그들은 남쪽으로 갔다. 청년은 먹지도 마시지도 않고 썰매 끈 뒤에서 달려갔다. 그렇게 배가 고픈 채 아버지

---

8) 1베르스타(верста)는 1067미터다.

의 무리에게로 돌아갈 때까지 달렸다. 그러나 '3사젠 손' 노인은 그때서야 아들에게 말을 했다.

"딸을 찾으러 가자."

노인은 다시 썰매 두 대에 외뿔 순록들을 매고 북쪽으로 달렸고 아들은 그 뒤를 따라 발로 뛰어갔다.

그들은 천막집들로 달려서 다가갔다. 그 천막집 안에는 남자가 한 명도 보이지 않았다. 오직 여자들뿐이었다. 아줌마들이 3사젠 손을 가진 노인에게 이웃 천막집 노인의 딸을 적들이 전쟁터로 데리고 갔다고 말했다. 그러나 어딘가에서 온 청동 턱뼈의 용사가 그 천막집에 있던 남성들을 모두 죽이고 아가씨를 데리고 떠났다. 이 천막집의 남성들은 그에게서 아가씨를 빼앗아 오려고 했지만 그는 그들 모두도 죽였다.

아버지와 아들은 계속 앞으로 달렸다. 그들은 남자가 없는 천막집을 여러 채 발견했다. 또다시 여자들이 그들의 남편들이 강한 용사에게서 아가씨를 빼앗으려고 했지만 그 용사는 그들 모두를 죽였다고 말했다.

밤에 노인과 아들은 용사의 거주지에 도착했다. 그들이 보니 천막집 근처에 딸의 덮개가 달린 썰매가 서 있었다. 3사젠 손의 노인은 썰매 안으로 들어가려고 했지만 딸은 노인이 멀리 날아갈 정도로 그를 밀었다. 그때 동생이 썰매로 기어 들어갔다. 그녀는 그를 밀었다. 그러나 마치 돌산을 미는 것과 같았고 그녀의 썰매가 뒤로 밀려났다. 청년의 뒤를 이어 아버지가 들어왔다. 그때 그녀가 그를 알아보고 말했다.

"제가 지금 함께 살고 있는 이 사람들에게 화내지 마세요. 이들은 저를 납치자들에게서 구해 준 사람들이에요." 노인은 마치 아들을 이제 막 알아본 것처럼 그와 대화를 나누기 시작했다.

"이제 천막집을 방문하러 가자." 그는 말했다. 그들이 천막집으로 들어가자 그 안에는 젊은 용사가 자리에서 일어나 들어온 청년을 때리려고 했다. 그러나 천막집의 주인, 그의 아버지는 그의 손을 멈추게 하고 말했다.

"아들아, 이 아가씨의 친지들이 어딘가에 있을 것이라고 내가 너에게 말했지. 그들이 아가씨를 찾아왔구나. 지금 우리는 그들과 진솔하게 너에게 딸을 달라고 이야기해야겠다. 정말 너는 이 사람들이 온 것을 몰랐느냐?"

용사는 잠자코 있었다. 노인은 들어온 사람들에게 앉을 것을 권했다.

노인은 아버지와 나란히 앉고 딸을 보살피도록 청년을 자신의 딸 곁에 앉혔다.

노인들은 서로 솔직하게 말했고 다음 날 3사젠 손의 노인은 자신의 딸을 자신의 천막집으로 데리고 갔다. 아가씨를 자유롭게 해 준 젊은 용사의 아버지는 자기 재산의 절반을 주고 용사와 자신의 딸이 3사젠 손 노인 일행과 떠나도록 했다. 용사의 누이는 3사젠 손 노인의 천막집 주위에 자신의 커다란 천막집을 치고 이 노인의 며느리가 되었다. 그리고 아가씨를 자유롭게 해 준 용사는 그들 뒤를 따라갔다. 3사젠 손의 노인과 아들이 집에 도착해서 자신의 천막집으로 들어가자마자 젊은 용사는 노인과 그의 아들을 따라 곧장 천막집으로 들어갔고 아가씨에게 구혼했다. 그때 3사젠 손의 노인이 말했다.

"이 아이는 너의 여인이다. 너는 그녀를 위해 오랫동안 괴로워하고 싸웠다. 그녀를 차지할 권리가 있어."

3사젠 손의 노인은 자신의 딸을 젊은 용사에게 넘겨주고 자신의 재산 반도 함께 주었다. 그때부터 이 용사 부부는 가족이 되어 평화롭게 살았으며 그들의 후손은 지금까지 살고 있다.

곰과 노인

툰드라 퉁구스 노인이 있었다. 그는 3남 2녀 다섯 자녀를 두었다. 그들은 강 위의 집에 살았고 순록 하나가 있었다. 물이 따뜻해져서 노인은 강으로 먹을 것을 구하러 갔다. 머리카락으로 엮은 어망이 세 개 그에게 있었다. 어망을 던졌다. 조금 앉아 있었지만 물고기는 잡히지 않았다. 노인은 집으로 돌아왔다. 집 안으로 들어가서 차를 마셨다. 그런 다음 말했다.

"물고기가 잡혔겠지."

노인은 다시 강으로 갔다. 어망에는 백곰이 있었다. 노인은 곰을 보았다.

"악." 노인은 소리치며 발의 일부를 잡았다. 곰도 지팡이를 잡았다. 노인이 말했다.

"저리 가. 나하고 놀자는 거야? 왜 나에게 장난치려고? 난 바보야, 알겠어? 저리 가, 저리 가. 어망을 찢겠어."

곰은 어망을 기슭으로 끌고 갔다. 둘은 어망의 끝을 잡고 다른 쪽으로 끌고 가며 막대기를 흔들었다. 노인이 말했다.

"너 정말 왜 그래? 왜 가난한 사람의 먹이를 망가뜨리는 거야?"

노인은 물속의 나뭇가지 위에 있었다. 곰은 어망을 잡아당기며 노인을 나뭇가지와 함께 기슭으로 끌어냈다. 노인은 땅 위에서 담배 냄새를 맡고 말했다.

"저리 가, 저리 가. 땅 위에서도 왜 놓아주지 않는 거야? 지금 나에게는 하느님이 있어. 너는 도망가겠지? 나는 죽을 거야, 그렇지?"

곰은 어망을 내놓지 않았다. 곰은 노인의 목을 이빨로 물고 끌고 갔다.

"그래, 나를 먹어. 난 가만있을 테니." 노인이 말했다.

곰은 노인을 먹지 않았다. 노인이 말했다.

"나는 기독교인이야. 태양에게 기도할 거야. 태양이시여, 곰이 나를 먹으려고 합니다. 이게 당신이 바라는 거죠, 그렇죠?"

곰은 아무리 해도 그를 놓아주지 않았다. 노인은 다시 말했다.

"내가 젊었을 때 배를 타고 빠르게 다녔지. 너는 힘이 세니? 누가 더 힘이 센지 겨뤄 보자. 내가 물러나면 네가 나를 먹어. 네가 물러나면 내가 너를 죽일 거야."

곰은 이 말을 알아듣고 헤엄쳤다. 노인은 배를 타고 빠르게 저어 나갔다. 노인이 말했다.

"불행이 뒤에 있군. 나를 쫓아와."

노인에게는 창과 철 십자가가 있었다. 물속에 소용돌이가 있었다.

노인은 '곰이 소용돌이로 갈 거야'라고 생각했다. 노인은 말했다.

"자, 더 활기차게."

노인은 기슭으로 튀어 올라갔고 곰이 헤엄쳐서 다가올 때 곰을 창으로 찔러 죽였다. 노인은 곰 가죽을 벗겨 집으로 가지고 가서 먹었다.

밤이 지났다. 아침에 노인은 다시 어망이 있는 곳으로 갔다. 보니 검은 곰이 와서 어망을 보고 있었다. 노인은 소리쳤다.

"왜 어망을 망가뜨리는 거야? 너의 땅에 먹이가 많잖아. 나는 물의 어머니에게서 먹이를 구하고 있는데. 넌 왜 그러는 거야?"

곰이 어망을 놓지 않았다. 그들은 한쪽씩 잡고 어망을 찢었다.

"너는 신이 아니라 바보구나." 노인이 말했다.

노인 자신은 배를 타고 있었고 곰은 기슭에 있었다. 노인이 계속 말했다.

"나를 죽이려는 거야? 죽여."

곰은 사람처럼 두 발로 일어났다. 노인은 계속 말했다.

"내가 필요해? 나에게는 미콜스키가 있어. 지금 나를 죽이려는 거야? 춤을 춰."

그들은 춤을 추었다. 곰은 춤을 추고 노래를 불렀다.

"온티노, 몬티토. 호코이, 호코이."

노인이 노래를 불렀다.

"헤이로, 헤이로."

하루 종일 그들은 춤을 추었다. 곰은 지쳤다. 머리를 떨어뜨렸고 눈을 감았다. 노인이 생각했다. '심장이 가깝군. 칼로 도려낼까?'

노인은 곰을 칼로 찔러 배 안에 놓고 빠르게 노를 저었다.

곰이 노인에게 달려들어 모피 옷을 잡을 뻔했다. 그러나 곰은 죽었다. 노인은 곰을 집으로 데리고 왔다.

노인의 장남 모자가 붉어졌다. 그의 이름은 붉은 모자다. 다른 아들의 신발은 붉은색이며 그의 이름은 붉은 신발이다.

아들들이 말했다.

"아버지, 우리는 왠지 무서워요."

"두려우면 밤에 순록을 지켜라." 노인이 말했다.

"아버지가 직접 지키세요." 아들들이 말했다.

밤에 노인은 순록을 지켰다. 날이 밝았다. 아들들이 일어났다. 붉은 모자는 말했다. 다른 아들도 말했다.

"아버지, 밤에 발견한 것 없으세요?"

"아무것도 발견하지 못했다." 노인이 대답했다. "방목을 했을 뿐이야. 이 장소에서 곰을 만나는 건 아주 안 좋거든."

아들들은 아버지의 발자국을 보았다. 아버지는 밤에 숲에 간 듯했다. 아들들이 말했다.

"아버지는 숲에서 뭘 하셨지? 보러 가자."

아들들은 아버지를 따라 숲으로 갔다. 그들은 야생동물 쪽으로 겨냥이 되어 있는 활이 놓인 밭을 발견했다. 밭의 입구에 뭔가가 놓여 있었다. 야생동물인가? 그 발은 피투성이였다. 가죽의 옆구리도 피투성이였다. 가죽은 철로 되어 있었다.

"뭐지?" 아들들이 말했다. "이걸 활로 어떻게 잡은 거지? 가죽이 철로 되어 있잖아. 이 야생동물은 엘크인 것 같아."

아들들이 집으로 돌아왔다.

"아버지, 이건 뭐예요? 어떤 화살로 이런 야생동물을 잡았어요?"

"몰라." 노인이 말했다. "자, 방목하러 가자, 그 동물은 내버려 두자."

그들은 걸어서 방목하러 갔다. 많은 툰드라 지역의 퉁그스인들과 어울렸다.

노인이 물었다.

"당신들에게 샤먼이 있습니까?"

"있어요, 젊은 샤먼이죠."

"굿을 해 주세요. 저에게 무슨 일이 있는지 말하도록 해 주세요. 저 스스로는 말하지 않을 겁니다."

젊은 샤먼은 굿을 하며 말했다.

"곰들을 잡았군요. 어망으로 두 마리의 곰을 잡았군요. 숲에 살고 있는 문신한 사람들[9]에게, 그들의 대샤먼에게서 당신은 짐승을 얻었군요. 철로 된 엘크를 얻었군요."

"그렇습니다. 그래요. 제가 한 일이죠." 노인이 말했다.

"당신에게는 죄가 없어요." 젊은 샤먼이 말했다. "비록 당신이 잡았어도 말이죠. 제 발로 당신을 찾아왔잖아요."

봄에 문신한 사람들의 대샤먼이 죽었다는 소식이 노인에게 들려왔다. 옆구리에 피가 났다는 것이다. 그게 다이다.

---

9) 호레-소체마(хоре-сочема)라고도 하는데 몸에 문신을 한 종족으로 느가나산 남쪽 이웃 종족을 일컫는 명칭이다.

모레데[10]와 머리 없는 사람들

모레데가 아내와 어린 아들과 걸어 다니고 있었다. 그들은 셋뿐이었다. 이 대담한 모레데는 항상 야생 순록을 사냥해서 구해 왔다. 어느 날 먹거리를 구한 후 모레데는 아침에 아내에게 말했다.

"우리는 방목하러 가야 하니 다른 장소로 옮겨야 해. 우리 집에 쌓여 있는 야생 순록들의 뼈는 너무 무거워. 그것들을 부숴서 거기서 나오는 지방을 태우면 좀 가벼워질 거야."

모레데는 야생 순록을 사냥하러 갔다. 그럼, 아내는 남편의 말을 어떻게 알아들었을까? 뼈를 부숴서 불을 지폈다. 아들은 엄마 주변의 모든 것이 뒤죽박죽되어 있는 것이 평소와는 다른 것 같았다. 아내는 생각했다. '어머, 남편이네, 예니세이 강 한가운데로 먹거리를 구하러 갔는데 이렇게 빨리 왔나? 사람이 온 것 같은 소리가 들렸는데. 어떻게 이렇게 빨리 올 수 있지?'

남편이 문 쪽으로 다가오는 소리가 들렸고 문이 열리더

---

10) 모레데(Моррэдэ)는 일정한 지역을 돌아다니며 야생 순록을 사냥하는 사냥꾼을 가리키는 말이다.

니 손만 보였다. 손은 아이에게 자기 쪽으로 오라고 불렀다. 엄마는 아들에게 말했다.

“어머, 아버지가 너에게 장난치는구나. 손으로 너를 부르고 있네. 자, 아버지에게 가 봐, 아버지 손을 잡아 줘.”

근데 아이는 어떻게 이해했을까? 아버지의 손을 잡았다. 손은 아이를 잡고 밖으로 잡아당겼다. 아이고, 아이가 어떻게 울부짖지 않겠어? 아이는 울었어.

“얘야, 울지 마. 내 집에서도 엄마 옆에 있는 것처럼 잘 살 수 있어.”

천막집에서 아이 엄마가 나왔을 때 그 남자는 아이를 안고 바람처럼 달려갔다.

아이는 생각했다.

‘나를 데리고 가는 사람이 그의 입이 있는 곳에서 들을 수 있게 무슨 말을 하는 거지? 그는 머리가 없고 그의 눈은 손이 시작되는 곳에 있는데.’

“얘야, 너는 뭘 보는 거니?”

“너의 머리를 찾고 있어.”

“어머, 내 머리는 있어 본 적이 없어.”

여름이었다. 그들은 아침이 되어서야 천막집에 도착했다. 어머, 천막집이 너무 많잖아. 매일 물속에서 야생 순록을 잡았다. 그러자 어린아이가 우는 것을 뚝 그쳤다. 그를 데리고 갔던 남자는 아버지처럼 그를 지켰고 엄마처럼 돌봤다. 이 머리 없는 사람들의 이름은 라하렌가-느고투(배 위의 입)이다. 아, 몇몇 라하렌가-느고투가 말했다.

"이봐, 형제. 네가 사냥한 아이를 나에게 주지 않겠니?"

"내가 아이를 어디서 얻게 된 건데? 주지 않을 거야."

1년이 그렇게 지나갔다. 다음 해 여름이 왔다. 다시 사냥터에 사람들이 정착했다. 야생 순록들은 여전히 있었고 많은 수의 야생 순록이 잡혔다.

"아버지, 저에게 칼을 만들어 주세요. 저는 칼 없이 날고기를 먹을 수가 없어요." 청년이 말했다.

라하렌가-느고투는 그에게 칼을 만들어 주었다.

"자, 이제 날고기를 먹어."

그다음에 가장 더운 시기가 되었다.

라하렌가-느고투의 주인은 자신의 어린 동생에게 말했다.

"우리는 떨어져야 해. 우리는 두 무리로 떨어져야 해."

동생은 말했다.

"정말 슬픈 일이야. 떨어지자."

"한 무리는 거위를 사냥하게 해. 미숙한 사람들은 여기, 물가에서 사냥하도록 내버려 둬."

그렇게 떨어졌다. 가장 용감한 사람들만 떠났다. 그들이 떠난 지 일주일이 흘렀다. 청년이 말했다.

"아버지, 저는 밤에 자지 않고 밖에서 놀래요."

"얼마든지 놀러 나가. 다만 멀리 가지는 마, 천막집 옆에서 놀아."

청년은 놀러 나갔다. 많은 배가 기슭 위에 놓여 있는 곳까지 갔다. 다른 것들과 달리 배들이 거꾸로 뒤집혀 있었다. 그는 이 배들 바닥에 구멍을 뚫었다. 이 구멍들은 모래로 덮여 있었고 손때가 묻어 있었다. 배에는 모두 구멍이 나 있었다. 하나만 온전히 남아 있었고 물속으로 내려가 있었다. 그가 기슭에서 떠나자마자 모든 라하렌가-느고투들이 일어났다. 그들이 말했다.

"아이가 지금 막 사라졌어. 그를 데리고 와야 해."

모두 한 배를 타고 그의 뒤를 따라갔다. 라하렌가-느고투 중 몇몇이 말했다.

"내 배는 물이 찬 적이 없어. 배 안의 물은 어디에서 오는 거야?"

그들이 그렇게 말했고 그들의 배는 모두 물로 가득 찼다. 배를 타고 가던 사람들은 모두 물속에 가라앉았다. 청년만 자신의 배 안에서 물길을 따라 뒤로 돌아갔다. 라하렌가-느고투는 모든 여자들을 죽였다. 모두 죽이고 그들은 거위를 사냥하러 갔던 사람들의 길을 따라가기로 했다. 천막집들이 저 멀리 서 있는 것이 보였다. 천막집에 도달했다. 젊은 라하렌가-느고투는 웃었다.

"빌어먹을 인간들, 왜 아이 하나를 놓아주었지? 그 아이는 방황하다가 천막집을 발견하겠지?"

바로 그날 저녁 청년은 천막집 안에 누워 밥을 먹고 있었다. 한 노파가 중얼거렸다.

"이 아이가 왔던 그때 왜 내 눈에 피가 튀었지?"

"할머니 무슨 피요? 야생 순록 피요?"

"몰라."

청년이 말했다.

"어떤 피겠어요? 야생 순록 피죠. 제 아버지는 야생 순록을 조금 잡았어요. 아버지는 '가을에 우리가 있는 그 자리에서 사냥하는 것을 그만둘 때 방목을 해'라고 말했어요."

그때 용감한 라하렌가-느고투의 주인이 말했다.

"이건 왜 이래? 왜 우리가 돌아오기 전에 사냥터에서 사냥을 끝낸 거야? 우리 도착 전에 한 번도 사냥이 끝난 적이 없었는데. 사실 저기에 야생 순록이 빨리 지나갔고 그 때문에 빨리 사냥이 끝난 거야."

그다음 날 그들은 방목을 하러 갔다. 그때 청년이 혼잣말을 했다.

"그 자리까지 가자. 그 사람들이 나타나지 않을 거야. 난 그때 뭐라 말하지? 그렇지만 이제 난 사라질 거잖아."

그들은 하루 종일 방목을 했다. 땅은 이미 조금 얼었고 비가 내렸다. 그러자 언 땅이 녹았다. 도저히 걸어 다닐 수 없게 되었고 무릎까지 빠졌다. 청년의 양아버지 라하렌가-느고투의 어린 동생은 이동 수단인 순록을 타고 앞에서 갔다. 순록 위에서 계속 떨어지면서도 앞에 가는 사람은 손에 계속 활을 쥐고 있었다.

그가 말했다.

"내가 활을 망가뜨렸어. 땅 상태가 나빠졌어. 이봐, 청년, 활을 잡아. 내가 순록에서 떨어질 때 활을 망가뜨릴 수 있으니까."

이렇게 말하고서 그는 청년에게 활을 건넸다. 청년은 활을 발로 잡아당겼다.

"이런 팽팽한데. 그렇지만 빨리 잡아당기면 괜찮을 거야."

라하렌가-느고투는 계속 그에게 마음을 썼지만 그를 보고 있지는 않았다. 청년은 몰래 활시위에 화살을 두 대 놓았다. 두 번 쏠 정도로 그 사람은 아주 가까웠다. 그가 용감해도 어디로 가겠어. 청년은 두 대의 화살을 쏘았다. 물고기처럼 순록이 놀랐다. 라하렌가-느고투도 놀랐다. 처음에 그는 순록을 타고 멀리 뛰어갔지만 순록에서 떨어졌다. 발뒤꿈치 위의 다리 힘줄이 끊어진 것 같았다. 바로 그때 청년은 유목 행렬로 돌아갔다. 그는 노파와 다른 여성 둘을 베었다. 많은 수의 사람들이 죽임을 당했고 일부는 물속에 가라앉았으며 일부는 칼에 찔렸다.

그런 다음 그는 걸어서 아버지를 찾았다. 아버지에게 갔고 이야기는 끝났다. 모레데는 그런 사람들이었다. 그들에게는 순록이 있지만 걸어서 사냥하러 다닌다. 다만 죽인 야생 순록을 썰매에 싣고 온다. 우리도 전에 그렇게 했다. 머리 없는 사람들인 라하렌가-느고투는 순록을 타고 다닌다고 했다.

죽음의 호수

보로 탈라에게는 순록이 많았다. 그에게는 아내와 딸이 있었다. 아들은 없었다. 셋이 다였다. 딸에게는 약혼자 훈시 탈라가 있었다. 훈시는 옆의 다른 천막집에 살면서 딸에게 청혼했다. 보로는 주고 싶지 않았다. 훈시 탈라는 번번이 요구했다. 두 천막집은 늘 옆에 있었다.

훈시 탈라에게는 엄마와 아버지가 있었다. 역시 셋이었다. 봄에 보로 탈라가 뭔가를 말했다.

"천막집 자리가 오래됐어. 이동해야 해."

그들은 조금 이동했다. 보로와 훈시는 새로운 천막집 자리에서 가벼운 천막집을 들고 야생동물을 따라 길을 떠났다. 그들과 함께 보로의 딸도 갔다. 두 노파와 한 명의 노인이 남았다. 보로와 훈시는 좋은 순록을 50마리 잡았다. 총 백 마리였다. 그들은 그 순록들을 방목했다.

보로가 앞에 갔다. 훈시는 순록들을 쫓았다. 곧 썰매 새 대가 지나갔다. 천막집을 치고 하루를 보냈다. 그들은 야생 순록들을 쫓아갔다. 천막집에는 딸 혼자 남아 있었다. 보로와 훈시는 각자 야생 순록을 쫓아갔다.

보로는 오랫동안 갔다. 태양이 낮아졌지만 그는 계속 달렸다. 야생 순록들이 보이지 않았다. 저녁에 뿔이 없는 야생 순록 일곱 마리를 보았다. 그에게는 모습을 감추기 위한 판이 있었다. 그 판을 가지고 야생 순록들에게로 기어갔다. 더워지고 땀에 젖을 정도로 그렇게 오랫동안 기어갔다. 판의 구멍을 통해 보았다.

"근데 야생 순록들은 어디 있지?"

야생 순록은 없었다. 그 어디에도 없었다. 야생 순록이 있던 자리에 살아 있는 커다란 담수어가 눈 웅덩이 위에서 펄떡거렸다. 보로가 눈을 비비자 담수어가 없어졌다. 그 자리에 여자가 앉아 있었다. 오른쪽으로 머리를 빗고 있었다.

'여자가 되어도 소용없어, 너를 죽일 거야.' 보로는 생각했다. 판의 구멍에 소총을 찔러 넣었다. 겨냥하면서 보았다. 여자는 없고 텅 비었다. 다시 일곱 마리 뿔 없는 야생 순록이 다녔다. 그들 중 한 마리를 쏘았다. 쓰러지자 썰매에 싣고 돌아갔다. 집에 곧 도착했다. 낮은 바람이 눈을 실어 왔다. 천막집 가까이 가서 순록들을 묶은 다음 천막집을 향해 갔다. 그는 그의 동료가 도착했는지를 보고 싶었다. 그러나 무슨 이유에선지 소총을 장전하고 마치 야생 순록에게 몸을 숨기듯이 천막집으로 기어갔다. 천막집에 다가가서 소총을 판의 구멍에 찔러 넣었다. '내가 쓸데없이 동료를 죽이게 될지도 몰라'라고 생각했다.

판의 구멍으로 천막집을 보았다. 그는 툰드라 쪽에서 천막집 쪽으로 다가갔다. 천막집에서 사람 하나가 걸어와서 소리치는 것이 보였다.

"이봐, 동료, 나를 죽이지 마."

그때 보로는 일어났다. 그는 순록들을 풀어 주고 다가갔다. 아무 말도 하지 않고 잠자리에 들었다. 아침에 일어났다. 차를 마신 후 말했다.

"내가 쓸데없이 나이만 먹었어, 어쨌든 나에게 이성은 있어. 내가 죽을 때가 된 거야. 야생 순록들이 내 이성을 망가뜨린 것 같아. 난 죽을 거야. 죽을 때까지 살았어. 넌 내 딸을 달라고 했지? 데리고 가. 순록들을 함께 가지고 가. 내 아내도 지켜 줘."

이날 이들은 다시 함께 사냥하러 갔다. 보로는 하얀 뿔 없는 수소를 네 마리 잡았다. 네 마리의 하얀 수소는 검은 띠와 붉은 가죽 끈을 걸쳤다. 썰매 끝에 묶기 전에 타고 갔다.

보로는 높은 장소로 들어가서 멈췄다. 오래 머물렀다. 무엇을 보았지? 앞에 땅이 여름처럼 눈 없이 검은 것이 보였다. 그가 서 있는 장소 앞에 커다란 호수가 있었다. 이 호수에는 얼음이 없었다.

가파른 기슭이 두 곳 이 호수에 있었다. 기슭 중 한 곳에 보로 탈라가 서 있었다. 호수 너머 바로 맞은편에 다른 기슭이 있었다. 그는 그렇게 멈춰서 썰매에 타고 있었다. 그의 동료들이 다가왔다. 사위가 다가왔다. 보로가 말했다.

"내 시대는 사라질 시기가 왔어. 나의 선조들은 항상 여기서 죽었지. 내가 야생 순록들을 보았던 그때 신은 나를 잡았던 거야. 이 호수의 신은 담수어야. 너는 내가 보이지 않게 되자마자 여기서 떠나. 내가 보이지 않게 되면 돌아가."

호수 가운데에 하얀 거품이 원을 그리고 있었다. 여울에서 물은 여기저기에서 원을 그렸다. 보로는 일어났다. 그는 순록들에게 소리치고 순록들을 회초리로 때렸다.

"너희들은 물 위에서 나의 길을 볼 것이다."

훈시와 그의 아내가 보았다. 보로는 순록들과 함께 기슭에서 호수로 뛰어들고 땅 위를 가듯이 물 위를 달렸다. 그는 호수 너머의 기슭까지 도달했다.

보로는 내내 소리쳤다.

"호수여, 나를 집어삼켜라. 너의 목구멍을 열어라."

그 기슭에서 돌아서서 다시 첫 번째 기슭에 도착했다. 그는 기슭 사이의 호수 위를 따라 앞뒤로 달렸다. 또 한 번 돌아가서 여울로 갔다. 여울로 가더니 갑자기 사라졌다. 여울에서 일곱 개의 하얀 거품이 나타났다. 두 개는 즉시 사라졌고 다섯 개는 계속 보였다.

보로의 딸은 남편, 훈시 탈라에게 말했다.

"우리 아버지가 나에게 '만약 네가 오늘 나를 잡는다면 우리 집안에는 일곱 명의 아이가 생길 것이다'라고 말했어. 그러나 그들 중 둘은 이 호수에서 죽을 거야."

그때 여울에서 노인이 야생 순록을 사냥할 때 판의 구멍으로 보았던 여성이 나타났다. 그녀는 왼편에 있는 머리카락의 반을 빗고 있었다. 머리카락의 또 다른 반은 이미 빗은 상태였다.

이 여자는 뻗은 다리를 당긴 후 물 위에 앉아 머리를 빗고 있었다. 여자가 말했다.

"두 개의 흰 거품을 나에게 주십시오. 앞으로 당신의 장남은 나의 몫이 될 겁니다. 지금 천막집으로 가세요. 아들이 아까우세요? 아까워하지 마세요. 땅 위에 그의 민족이 많아질 것입니다."

여성은 기슭에 바루시[11]를 불러냈다.

"신이여, 너는 귀, 입을 가져라. 너, 바루시여, 너의 귀는 쓸데없이 있구나. 아이를 건넬 시간이 오면 우리를 불쌍히 여겨 주세요. 개나 순록을 가지고 가시는 게 더 나아요. 아이들을 건네주면 난 매우 괴로울 거예요."

바루시의 아내는 머리카락을 다 빗었다.

---

11) 신화적 존재. 외팔, 외다리, 외눈을 가졌다.

"만약 하나가 아까우면 그다음엔 셋을 내놓아야 할 겁니다."

"왜 다른 식으로 말하는 거죠? 왜 그렇게 날카롭게 말하는 거죠? 난 아이들을 내놓지 않을 거예요."

"주지 않는다고 쓸데없는 말을 하다니. 내 긴 손은 사방에 뻗칠 수 있어요."

그렇게 말하고 사라졌다. 남편과 아내는 자신의 천막집으로 돌아왔다.

집으로 가는 길에 여성은 썰매를 몰았고 남자는 순록들을 쫓았다. 그들은 자신의 큰 천막집에 왔다. 다섯 명은 함께 살게 되었다. 그런 다음 노인들, 훈시의 아버지와 어머니, 그리고 보로의 아내가 죽었다. 훈시와 그의 아내에게는 많은 아이들이 태어났다. 그러나 순록은 줄어들었다. 썰매를 끌 순록들만 남았다. 여섯 명의 사내아이들이 성장했다. 일곱 번째, 막내는 딸이었다. 중간 아들은 샤먼이었다. 소고는 없고 샤먼의 가죽옷도 없고 다만 샤먼으로 말을 할 뿐이었다. 밤에 꿈에서 주술을 외웠다.

"나의 죽음의 시기가 왔다. 나를 호수로 데리고 가세요. 당신이 나를 호수로 데리고 가지 않으면 나는 완전히 사라질 거예요."

아버지와 어머니가 그에게 말했다.

"우리가 너를 어떻게 호수로 데리고 간단 말이냐? 우리 아버지는 거기서 죽었고 그곳은 나쁜 곳이야. 거기에 가지 마. 우리는 너를 대신해 순록 네 마리와 개 세 마리를 데리고 갈 거야."

그들은 호수로 방목하러 갔다. 호수에서 멀지 않은, 작은 호수 가까이 천막집을 세웠다. 물을 뜨기 위해 얼음 구멍을 냈다.

저녁에 형제들과 아버지 어머니, 총 아홉 명이 함께 호수로 갔다. 순록들도 데리고 갔다.

그들은 썰매에 묶인 순록들과 썰매를 기슭에 남겨 놓았다. 스스로 기슭에서 물로 걸어 내려갔다. 세 마리 개와 네 마리 순록을 묶었다. 어머니는 호수에 말했다.

"저는 아들들이 불쌍해요. 개들이 당신의 몫이 되게 해 줘요."

그들은 개와 순록을 물속으로 던졌다. 그들은 기슭의 썰매로 올라갔다. 무슨 소리가 들렸다. 여울이 다시 원을 그렸다. 여울에 담수어가 보였다. 담수어가 말했다.

"처음에 당신에게 당신의 아들이 필요하다고 이야기를 했어요. 왜 불쌍해하죠? 주지 않겠다니요? 장남을 묶어서 던져야 했어요. 당신 아버지는 내 뒤에 앉아서 그렇게 말했죠."

여성은 계속해서 요구했다.

"아들을 놓아줘. 개, 순록들을 가져 줘. 아이가 불쌍해."

담수어가 사라졌다. 그들이 기슭으로 나가자 다시 어떤 소리가 들렸다. 여울 속에 여자가 보였다. 그녀가 말했다.

"당신은 아이가 불쌍한가요? 당신 아버지는 '장남과 막내딸을 줘'라고 말했어요."

그때 훈시가 말했다.

"이 바루시는 우리를 놓아주지 않을 거예요. 아들을 앞으로 내보내라고, 바루시가 요구했어."

아들이 앞으로 나갔다. 아버지, 어머니, 아들 자신은 기슭에서 바루시에게 그들을 불쌍히 여겨 달라 부탁하기 시작했다. 갑자기 아들 아래의 기슭이 무너져 내렸고 그는 물속으로 떨어져서 사라졌다. 물속에는 아무것도 보이지 않았다. 그때 어머니는 기슭에서 순록을 찔렀던 칼을 잡아 들고 호수 위의 여자를 위협했다.

"네가 신이든, 인간이든, 이리로 와. 내가 너를 칼로 도려내 줄 테니. 이리 와."

호수 위의 여자는 손을 올렸다.

"내 손을 봐. 너희가 너희 천막집을 떠나도 난 내가 필요한 것을 얻을 거야. 너희 천막집으로 함께 가자."

이 말을 하고 사라졌다. 그들은 천막집으로 돌아갔다. 어머니는 딸과 함께 같은 썰매를 타고 갔다. 어머니는 순록들을 풀었고 딸아이는 천막집으로 갔다. 딸아이는 천막집 안에서 솥을 들고 나와 물을 길으러 갔다. 솥에 물을 채웠다. 어머니는 천막집으로 솥을 들고 나르는 것을 도우러 딸아이에게로 갔다. 어머니가 도우러 다가갔을 때 딸아이는 그녀의 눈앞에서 얼음 구멍으로 떨어졌다. 어머니는 딸아이를 잡으려 했지만 놓쳤다. 물속을 더듬었지만 아무것도 없었다. 어머니는 그때 말했다.

"호수에 그 무엇도 던져서는 안 돼. 그 무엇도 소용이 없어."

그들은 내내 그 자리에 살았고 방목을 하러 가지 않았다. 샤먼은 굿을 했다.

"앞으로 우리에게 또 나쁜 일이 생길 거예요."

두 아들이 천막집 안에서 또 죽었다. 훈시, 보로의 딸인 그의 아내, 그들의 아들인 샤먼과 그 외의 두 아들이 남았다. 다른 두 아들은 굶어서 죽은 것이었다. 모두 먹어서 순록 한 마리도 남아 있지 않았다. 그들은 사냥거리를 하나도 찾을 수 없었다. 샤먼은 계속 굿을 했다. 아무것도 도움이 되지 않았다. 메추라기도 얻을 수 없었다. 샤먼이 말했다.

"우리 자신들이 우리 아버지와 어머니를 죽이게 될 거야. 한 명을 호수에 넘깁시다, 우리에게 먹을거리가 생기도록 또 한 명을 넘깁시다."

그들은 천막집에서 아무 곳도 가지 않았다. 배고픈 그들은 천막집에 누워 있었다. 힘이 없었다. 샤먼은 누워 있다가 밖으로 나갔다. 그는 천막집 근처에서 야생 암순록과 수순록을 발견했다. 그는 이 야생 순록들을 죽여서 그 고기를 먹었다. 다음 날 아침에 아버지와 어머니가 밤에 죽은 것을 알았다. 두 야생 순록, 암순록과 수순록은 어머니와 아버지의 희생이었던 것이다. 샤먼은 그렇게 말했다.

이후 많은 야생 순록을 얻을 수 있었다. 샤먼은 스스로 소고를 만들고 샤먼의 북을 만들었다. 샤먼은 야생 순록을 찾으러 가다가 유라크인들의 천막집을 발견했다. 이 유라크인들에게서 연기가 났다. 샤먼은 유라크인의 여자를 아내로 삼았다. 이후에 셋이서 잘 살았다. 매우 좋은 먹거리를 발견했다. 매우 부유하게 살았다. 끝.

곰의 아들

문신을 한 두 명의 퉁구스[12]인이 살고 있었다. 그러나 그들은 문신을 한 퉁구스인들임에도 계속해서 툰드라 퉁구스인들과 살았다. 그들은 진짜 문신한 퉁그스인들을 오래전에 버렸다. 두 퉁구스인은 형제이며 한 어머니에게서 태어났다. 그들 중 하나는 조금 더 나이가 먹었다.

형에게는 아이가 둘 있는데 남매였다. 그들은 가장 큰 돌에서 가까운 곳에 머물렀으며 야생 순록을 사냥했다. 여기에 오래 살면서 이 자리에서만 야생 순록을 잡았다. 동생이 말했다.

"근처 야생 순록을 다 잡았어. 저기 멀리, 여기서 보이지 않는 곳에 야생 순록이 또 있을 거야."

형이 대답했다.

"그렇게 멀리 가는 건 좋지 않아. 근처에서 찾아야 해."

"난 갈 거야." 동생이 말했다. "우리에게는 길들인 진짜 좋은 순록이 있어. 해가 지면 돌아올게. 빛이 희미해지면 돌아올게."

---

12) 느가나산인들이 자신들의 남쪽 이웃을 가리키는 말.

동생은 바로 떠났다. 순록 두 마리를 데리고 갔다. 순록 한 마리는 매우 좋아서 창고만큼 컸다. 집에서 나쁜 순록을 타고 가다가 돌아갈 때는 좋은 순록을 타기를 원했다. 도중에 멈춰서 보니 매우 멀리 땅이 있었다. 해는 이미 조금 올라갔다. 좋은 순록을 타고 향해 가던 그 땅에 도착했다. 가파른 분지의 돌이 있는 지형에서 강을 발견했다. 정상에서 강은 두 갈래로 갈라졌다. 이 두 줄기 강의 흐름을 따라가니 평원이 있었다. 평원에 야생 수순록이 열 마리 있었다. 협곡에서 나오는 강의 상류를 걸어가면서 소리쳤다. 야생 순록들은 그들에게 편안한 장소를 찾아 그의 옆을 가까이 달려갔다. 두 마리를 향해 활을 쏘았다.

한 마리의 가죽을 벗겼다. 다른 순록의 가죽을 벗기기 시작했다. 편안한 장소로 야생 순록의 사체를 끌고 갔다. 그는 사체의 뿔을 잡고 들어 올렸고 화살 두 대가 날아오는 소리를 들었다. 그는 하나의 화살을 피한 후 달려갔다. 그러나 다른 화살이 다리의 힘줄을 맞혔다.

그때 문신한 사람 두 명이 매복에서 나왔다. 긴 다리의 사람은 호두쿤다마투이고 풀처럼 마른 또 한 사람은 뇨타라쿠이다. 동생은 그들에게 말했다.

“이봐, 친구들. 나는 다리가 없어. 어떻게 가지? 왜 나를 몰래 죽이려 했던 거야? 왜 정정당당하게 죽이지 않는 것이냐? 여기에서 나를 죽여라. 활을 나에게 줘, 가까이에 있어. 나는 무력하게 땅에 앉아 있잖아, 당신들을 시험해 보겠어."

"아니." 문신한 사람들이 대답했다. "왜 활을 주겠어?" 두 사람은 돌아선 후 걸어서 갔다.

동생은 화살로 발에 댈 나무 받침 만들었다. 순록 아주 가까이까지 기어갔다. 활과 화살을 잡았다. 순록 위로 기어 올라갔다. 상처 입은 발을 안장에 올리고 집으로 타고 갔다. 천천히 갔다. 어떻게 하면 빨리 갈까? 야생 순록들을 버렸다. 어두워졌다.

좋은 순록은 자신의 발자국을 따라 천막집으로 갔다. 순록 우리가 가까워졌다. 갑자기 순록이 일어났다. 동생은 자신의 천막집에서 고함 소리를 들었다. 순록을 버리고 땅에 내렸다. 그의 형이 벌거벗은 채로 달려가는 것이 보였다. 어깨 사이에 화살이 튀어나와 있었다. 화살대만 보였다. 화살촉은 살 속에 있었다. 문신한 사람 둘이 그의 뒤를 쫓았다. 한 사람은 풀처럼 마른 사람이고 다른 사람은 다리가 긴 사람이었다. 동생은 구덩이에 누워서 활을 잡았다. 그의 형이 가까이 지나 달려갔다.

"그의 뒤를 쫓아가는 사람들이 더 가까이 오도록 해야 해."

한 번 활을 쏘았다. 다리가 긴 사람이 콧마루에 정통으로 맞아 쓰러졌다. 다른 사람에게 활을 쏘았다. 그러나 어두워서 흔들렸던 것 같다. 화살이 땅에 떨어지는 소리가 들렸다. 뇨타라쿠의 모피 옷은 하얀 북극여우의 가죽으로 만든 것이었다. 그는 산 채로 도망간 것 같다.

동생은 천막집까지 팔로 거의 기다시피해서 도착했다. 그 안에는 한 사람도 없었다. 그의 아내도 없었고 형의 아내도 아이도 없었다. 심지어 시체도 없었다. 동생은 모포를 덮고 잠이 들었다. 3일 동안 잤다. 세 번째 날에 깨어났는데 밖에서 발자국 소리를 들었다. 문을 열고 보았다. 보니 하얀 모피 옷을 입은 뇨타라쿠가 다시 왔다. 그의 얼굴에는 화살 자국이 있었다. 그와 함께 다른 문신한 사람이 땋은 머리를 하고 있었다. 동생은 천막집에 누워서 말했다.

"뇨타라쿠, 천막집으로 들어와서 나를 죽여. 난 무척 괴로워."

"절대 그렇게 하지 않을 거야. 천막집에 들어가면 내가 거기서 죽겠지." 뇨타라쿠가 대답하고 갔다.

다리의 상처 때문에 사람이 왜 죽을까? 그렇게 배가 고픈 채로 있었다. 뒤집어진 솥 안에서 뭔가가 긁는 소리가 들렸다. 동생은 막대기로 그것을 건드렸다. 솥이 뒤집어졌고 그는 그 밑에서 형의 아들인 소년을 보았다.

천막집 안에서 소년과 누워 있었다. 소년은 삼촌에게 뭔가를 말했다.

"앉아."

삼촌은 대답하지 않고 죽었다.

외로운 소년은 어디로 가야 할까? 소년은 솥의 음식 찌꺼기를 먹으며 천막집 안에서 살았다. 다시 천막집으로 누군가가 오는 소리가 들렸다. 문을 열었다. 곰이 오는 것이 보였다.

곰이 천막집으로 들어와서 삼촌의 시체를 들고 밖으로 가지고 갔다. 땅에 무덤을 파고 그 안에 시체를 놓고 묻었다. 그런 다음 다시 천막집으로 와서 개처럼 낑낑거렸다. 소년은 놀라서 도망가서 숨었다. 곰은 매우 컸다. 뒷다리는 문가에 있었는데 뻗으면 천막집 길이만 했다. 곰은 소년을 잡고 밖으로 나가서 천막집에서 저 멀리 데리고 갔다. 굴까지 가서 그 안에 소년을 밀어 넣었다.

천막집처럼 커다란 굴이었다. 굴 안에는 여러 마리의 곰이 울부짖었다. 소년을 데리고 온 곰은 다시 울부짖었다. 모든 곰이 잠잠해졌다.

소년은 아무 데도 가지 못하고 여기서 살게 되었다. 그를 데리고 온 곰은 내내 문 옆에 누워 있었다. 곰들은 갈비를 제외한 야생 순록의 고기와 다른 먹이를 가지고 왔다.

그렇게 소년은 여기서 10년을 살았다. 천막집만큼 자랐다. 곰들과 밖으로 나가서 웃으며 놀고 친하게 지냈다.

나이 든 곰이 다른 곰들에게 말했다.

"아이를 어떻게 할까? 맹추위가 올 거야. 아이에게 어떤 모피 옷을 입히지? 옷을 지어야 해."

이 곰은 길을 떠났다. 어딘가에서 아주 검은 모피 옷을 구해서 가지고 왔다. 청년이 된 아이는 그 모피 옷을 입자 곰처럼 되었다.

또 몇 년이 흘렀다. 청년은 숲으로 가서 오랫동안 해를 말없이 바라보았다. 나이 든 곰이 이를 알아챘다. 곰은 혼자 생각했다. '그는 무슨 생각을 하는 거지?'

나이 든 곰은 결심하고서 청년에게 물었다.

"퉁구스인이여, 너는 무슨 생각을 하느냐?"

청년이 대답했다.

"난 항상 생각이 많아. 나에게는 아버지, 어머니, 누이가 있었어. 그들은 어디로 간 거지? 그 땅을 찾을 거야."

곰이 생각했다. '청년은 어떻게 가지?' 그에게 말했다.

"넌 갈 수 있어. 그렇지만 죄 없는 사람들을 죽이지 마. 뇨타리쿠가 너의 아버지를 죽였어. 그를 찾아. 만약 죄 없는 사람들을 죽이면 너도 죽을 거야. 나는 그것을 알게 될 거고 너를 죽일 거야. 너의 힘은 나와 같은 정도야. 그런데 넌 걸어서 갈 거야? 나에게 순록도 있고, 딸도 있고 썰매도 있고 여러 재산이 있어. 나를 기다려, 내가 찾으러 갈게."

곰이 떠났다. 하루가 흘렀다. 모두 잠이 들었다. 다음 날 정오에 와서 말했다.

"전부 준비되었어. 천막집이 준비되었어. 가."

청년은 나갔다. 보니 굴로 썰매 일곱 대가 다가왔다. 순록 대신에 전부 곰이었다. 일곱 명의 여자는 사람 얼굴에 곰 모피 옷을 입었다. 한 대의 썰매만 남자 얼굴을 하고 있었다. 곰 네 마리가 거기에 묶여 있었다. 청년은 썰매로 다가가 멈췄다. 나이 든 곰이 물었다.

"왜 타지 않니?"

"궁금한 게 있어." 청년이 말했다. "난 너에게 스키가 있는 걸 봤어. 그걸 많이 아끼지?"

"아들의 부탁을 어떻게 거절하겠어?" 나이 든 곰이 대답했다. "스키를 가지고 가."

청년은 일곱 대의 썰매와 함께 떠났다. 계속 달렸고 멈추지 않았다. 밤낮을 달렸고 마침내 멈췄다. 그는 생각했다. '이 일곱 명의 여자 중에서 누가 나의 아내지? 모두 예쁘고 모두 혼자인데.'

그들은 '순록'을 풀어 주고 천막집을 세웠다. 여성들은 모두 천막집에 들어갔다. 자신도 천막집으로 갔다. 가죽 신발만 한 막대기로 눈을 치웠다. 한 여자는 위쪽 문 옆에 앉았다. 검은색 모피 옷이 그 자신의 것과 똑같이 막대기 뒤로 밀려 들어갔다. 다른 여성들의 것은 없다.

"이 사람이 나의 아내다." 청년은 결정하고 그녀의 근처에 앉아 그녀와 함께 잠자리에 누웠다.

이후 또 하루 유랑을 떠났다. 다시 천막집을 만들었다. 그러나 그는 자신의 네 마리 곰을 놓아주지 않고 길을 더 갔다. 오랫동안 갔다. 밤에 곰의 뒤를 좇아 다시 밤낮을 갔다. 3일 후에 네 마리의 곰이 땅에 쓰러졌다. 그때 스키를 타고 갔다. 그렇게 가면서 일곱 채의 천막집을 발견했다.

천막집 앞에 있던 사람들은 우리 사람을 보고서 도망갔다. 중간의 천막집 앞에만 뭔가를 하고 있는 한 사람이 남았다. 그 사람은 일하는 것을 멈추지 않고 물었다.

"누구요?"

"만약 자네에게 이성이 있다면, 이봐." 청년이 말했다. "나에게는 아버지도 어머니도 없다. 그런데 너는 누구냐?"

"오래전에 한 퉁구스인의 아들을 곰이 데리고 갔다고 하더군. 그런데 그 사람이 너야." 일하는 사람이 말했다.

"맞아, 뇨타라쿠는 지금 어디 있어?"

"3일 전에 뇨타라쿠는 여기에 있었고 카드놀이를 했지. 그의 발자국이 보여." 그 사람이 대답했다.

"너에게는 강한 순록들이 있어. 나에게 순록들을 줘." 청년이 말했다.

일하던 사람이 순록을 한 마리만 주었다. 청년은 타인의 썰매에 그 순록을 묶고 물었다.

"이 순록은 강해?"

"강해."

"강하면 빨리 따라잡을 수 있겠군." 청년이 말했다. 순록을 타고 쫓아갔다. 순록은 내달렸고 눈을 파헤치더니 쓰러졌다. 청년이 말했다.

"강한 순록이라더니. 그런데 너에게 힘이 있는 거니? 한번 싸워 보자."

"좋아, 한번 싸워 보자." 일하던 사람이 말했다. 순록 주인이 청년을 위로 들어 올리고 말했다.

"이 정도 힘이야, 땅에서 조금 떨어졌잖아."

그때 청년이 이 사람을 잡고 누르자 그 사람이 죽었다. 이후 청년이 다시 스키를 타고 걸어서 떠났다.

그렇게 걸어가면서 여섯 채의 천막집에서 나쁜 순록들 때문에 다퉜고 또 여섯 명을 압사시켰다.

그렇게 청년은 사람들을 죽이고 걸어서 갔다. 오랫동안 걷다가 커다란 강까지 갔다. 넓고 가파른 기슭이 물 옆에 있었다. 청년은 그 위로 갔는데 거기서 앞으로 내려가는 길을 발견하지 못했다. 저 멀리 물 건너에 붉은 언덕이 보였다.

“무슨 강이지?” 청년이 말했다. “만약 이 강을 돌아간다면 길이 너무 가파를 거야. 곧바로 가야 해.”

청년은 기슭에서 곧장 물속으로 뛰어들어 물속에 머리를 숨겼다.

이제 이야기는 기슭으로 곧바로 사라졌다. 청년은 보이지 않았고 머리도 숨겼다. 강 저편 언덕 옆에는 작은 냇가가 있는데 그 강으로 흘러 들어갔다. 이 냇가의 하류에 뭔가가 소용돌이치며 머리가 보였다. 청년은 기슭으로 나와서 냇가를 돌아갔다. 모피가 말랐다. 청년은 강의 원류까지 왔다. 여기서 또 일곱 명의 여자가 나타났다. 여성의 주위에 굴이 있었다. 굴 근처의 여성들은 장작을 패고 있었다. 그들이 말했다.

“왜 왔지? 누구지? 저자에게 분별력이 있을까? 저자에게는 분별력이 없어. 우리는 저자에게 아무 말도 하지 않을 거야.”

“몹쓸 아줌마들 같으니.” 청년은 말하고 그들 모두에게 주먹을 날렸다. 동굴 입구를 찾기 시작했다. 찾아서 들어갔다.

동굴은 천막집처럼 높았다. 그 안에는 늙은 곰이 있었다. 곰은 청년에게 물었다.

“왜 돌아왔느냐? 무슨 일이 있느냐? 뭘 했느냐?”

"아무 일도 하지 않았어요." 청년이 대답했다.

"아무 일도 하지 않았다니." 곰이 말했다. "내가 정말 죄 없는 사람들을 죽이지 말라고 말하지 않았다는 거냐? 넌 했지? 너에게 죄가 없다는 거야? 이제 내가 화가 나는군."

늙은 곰은 강했다. 청년과 싸웠다. 그때 두 여자가 들어와서 말했다.

"이봐, 곰의 아들아, 왜 화를 내는 거냐? 너는 승리하기를 바라느냐? 그렇지만 이길 수 없어."

청년은 이 말을 듣고서 곰을 놓아주었다. 여기서 며칠 동안 잤다. 그다음 곰이 그를 깨우고 말했다.

"이봐, 일어나. 네 앞에 먼 길이 있다."

청년은 일어나 먹었다. 늙은 곰이 말했다.

"이제 너는 뇨타라쿠를 찾으러 멀리 가게 될 것이다. 그의 머리는 검었지만 지금은 희다. 너는 지금 다른 사람들을 찾지 못하지만 뇨타라쿠는 찾을 것이다."

"어디로 가야 하죠?" 청년이 말했다. "아무 데라도 상관없어요. 찾아서 죽일 거예요."

"하얀 순록 두 마리를 가지고 가." 늙은 곰이 말했다.

청년은 이 두 마리의 순록을 타고 평평한 툰드라를 따라갔다. 오래된 천막집 자리를 발견했다. 천막집 지붕은 완전히 갈기갈기 찢어져 있었고 막대기만 몇 개 서 있었다. 천막집 주변에는 땅에 화살들이 땅에 꽂혀 튀어나와 있었다. 강이 멀지 않은 곳에 있었다.

"이봐, 이건 나의 아버지 천막집이야." 곰의 아들이 말했다. 천막집 위쪽에 활이 보였다. 곰의 아들은 활과 화살을 많이 들고 갔다.

이후에 곰의 아들은 아내를 남겨 둔 자신의 천막집으로 가기로 결정했다. 거기에 도착했다. 그가 없을 때 그의 아내는 사내아이를 낳았다. 지금은 유목 생활을 하고 있었다. 내내 숲 쪽으로 유목을 떠났다. 검은 돌을 건넜다. 그 돌 뒤편에 멈췄다. 곰의 아들은 문신한 사람들이 올 것이라고 생각하면서 야생 순록들을 찾으러 갔다. 아들과 가족을 남겨 두었다. 아들은 이미 자랐다. 키는 1.5아르신[13)]만큼 되었다.

숲 쪽으로 떠난 후 매우 커다랗고 무성한 숲에 도달했다. 그의 맞은편이 보이지 않을 정도였다. 이 숲에 도착한 후 순록이 끄는 썰매를 남겨 두고 화살을 메긴 활을 들고 걸어서 갔다.

큰길을 발견했다. 그 길을 따라 숲으로 갔다. 계속 걸어가다가 조금 어두워졌다. 안개가 내려왔는데 짙은 안개였

---

13) 아르신(аршин)은 러시아의 길이 단위다. 1아르신은 71.12센티미터다.

다. 안개 속에서 순록 우리를 발견했다. 호수에서, 얼음 위에서 퉁구스인들이 춤을 추고 있었다.

호수 전체가 그들로 가득 찼다. 곰의 아들은 호수로 다가가 내팽개쳐져 있던 겨울용 모피 외투를 하나 발견하고 그것을 걸쳤다. 즐기는 사람들의 무리 속으로 들어가서 그들 중 하나의 어깨를 건드리고 물었다.

"족장의 천막집은 어느 거요?"

"바로 보이는 거. 가장 가운데 있는 천막집이오." 퉁구스인이 대답했다.

곰의 아들은 이 천막집을 눈여겨보고 돌아갔다. 어두워졌을 때 그는 순록 우리 안에 있었다. 잠잘 시간이 되었을 때 가기로 결정했다. 그는 생각했다. '모두 자고 한밤중이 되었군.'

활과 야자수를 잡고 퉁구스인이 가리켰던 천막집으로 다가갔다. 문을 여니 아무것도 보이지 않고 모두들 잠들어 있었다. 야자수 나무로 오른쪽, 왼쪽을 치기 시작했다. 모두 죽였다. 다른 천막집으로 들어가서 반을 죽이자 나머지 사람들이 소리쳤다. 다른 천막집들에서 사람들이 고함 소리를 듣고 활을 잡았다. 많은 사람들이 산 채로 바깥에 나타났다. 그들 가운데 뇨타라쿠가 활을 들고 있었다. 천막집에서 나오자마자 악마가 그를 알아보았다.

3일 동안 곰의 아들은 이 사람들 전부와 싸웠다. 그들 모두를 죽이고 뇨타라쿠 하나만 남았다. 이때에 곰의 아들에게는 화살이 떨어졌다. 곰의 아들은 구멍에 있는 썰매로 달려갔다. 썰매 안에서 누군가가 화살을 쏘았고 뇨타라쿠의 다리 힘줄을 잘랐다. 곰의 아들의 아들이 와서 자신의 아버지를 구했다. 곰의 아들이 자신의 아들과 함께 문신한 사람들의 천막집으로 돌아갔다. 곰의 아들이 말했다.

"죽인 사람들의 순록을 가지고 갈 거지?"

아들이 대답했다.

"가지고 가요, 가지고 가야 해요."

곰의 아들은 여기서 자신의 어머니, 누이, 숙모를 찾았다. 그는 그들 모두를 데리고 순록을 몰아 툰드라로 돌아갔다. 아들은 내내 밤에 순록을 지켰다. 늑대들이 다가오자 아들은 늑대 모두를 죽였다. 툰드라 방향의 산맥을 넘어 멈췄다. 곰의 아들은 아들에게 말했다.

"우리는 친구들을 어디서 찾지? 나에게는 곰 친구들이 있었어. 너는 그들에게 갈 거냐? 아니면 다른 어딘가로 갈 것이냐?"

아들이 대답했다.

"우리와 비슷한 사람들이 아직 있을까요? 아니면 그들 모두 죽었을까요?"

"네가 가서 찾아." 곰의 아들이 말했다.

청년은 썰매를 타고 찾으러 갔다. 툰드라를 향해 떠났다. 숲의 가장 끝에서 천막집 다섯 채를 발견했다. 그 안에는 툰드라 퉁구스인들이 살고 있었다.

"당신은 어떤 사람이죠?" 툰드라 퉁구스 청년이 물었다.

"나에게는 아버지가 있어요." 청년이 대답했다. "아버지의 이름을 어떻게 말할까요? 사람이죠."

"사람이라는 것은 중요한 게 아니죠. 우리는 왜 당신을 모르죠? 당신을 여기서 전에 보지 못했는데요." 이 퉁구스인들이 말했다.

"곰이 나의 아버지를 키웠어요. 그는 그 곰과 같이 자랐어요. 곰의 딸에게서 저를 얻었어요. 전 그런 사람이에요. 우리 유목 무리가 올 거예요, 두려워 마세요." 청년이 말하고 집으로 돌아갔다.

아버지가 물었다.

"그래, 뭘 발견했니?"

"다섯 채의 천막집과 다섯 명의 남자를 찾았어요. 이 사람들은 순해요. 거기로 가요." 청년이 대답했다.

"모르겠다. 모르겠어." 아버지가 말했다. "아마도 다시 어떤 일을 해야 할 것 같구나."

"나쁜 사람들이에요? 그럼, 저를 그들 집에 놀러 가게 해 주세요, 그렇지만 그들과 합치지는 말고요." 아들이 말했다.

"좋아." 아버지가 대답했다.

그들은 이 천막집으로 가까이 옮겨 갔다. 내내 여기에 머물렀다. 몇 년 동안 그렇게 살았다.

어느 날 한 사람이 왔다. 그들을 멈추자 썰매에 묶여 있던 두 마리의 순록이 곧 쓰러졌다. 이 사람은 곰의 아들의 천막집으로 들어왔다. 노인이 물었다.

"어디서 왔습니까? 무슨 일이죠? 당신들 순록들이 빨리 달려서 쓰러졌군요. 아마도 괜히 오신 듯합니다."

"괜히 오다니요." 온 사람이 대답했다.

"그럼, 무슨 할 말이 있습니까?"

"문신한 사람들이 사람들을 모두 죽였습니다. 밤에 왔더군요. 저는 순록들을 지켰습니다. 천막집에서 고함이 들린 후 저는 빈 땅으로 떠났습니다. 당신의 천막집을 찾았습니다. 저의 천막집은 문신한 사람들이 다 찢어 놓았습니다. 저에게 동료들을 주시오. 아니면 좋지 않은 일이 있을 거요." 온 사람이 말했다.

"모르겠어요." 노인이 말했다. "나의 아들에게 물어보시오. 그보다 강한 사람은 없소. 그런데 그의 영혼은 텅 빈 땅에 머물지 않을 겁니다."

아들은 동의하고 온 사람과 떠났다. 그들은 찢어진 천막집을 발견했다. 개들과 살아 있는 것이 없었다. 곰의 아들의 아들(노르카-뇨-뇨)이 물었다.

"뭘 해야 하죠? 더 멀리 찾으러 갈까요? 아니면 여기서 우선 머물고 천막집을 만들까요?"

바로 더 멀리 가기로 결정했다. 그들은 썰매를 타고 가다가 가장 커다란 돌에 도달했다. 돌에서 많은 연기가 피어오르는 것을 보았다. 거기서 사람들이 잠이 들 저녁까지 기다리면서 자려고 누웠다.

"아마도 그들 가운데 강한 사람들이 있을 거예요. 그러면 낮에 우리는 그들과 싸워서는 안 돼요." 그렇게 결정했다.

한밤중에 갔다. 곰의 아들의 아들인 노르카-뇨-뇨는 말했다.

"천막집이 많아요. 당신은 저 먼 쪽에서 오세요, 저는 가까운 곳에서 갈 테니. 천막집을 따라갑시다."

그렇게 갔다. 노르카-뇨-뇨는 처음에 가장자리에 있는 작은 천막집의 사람들을 죽였고 그다음에 다시 다른 천막집에 있는 사람들을 모두 죽였고 그다음에 천막집 가운데 사람들을 죽였다. 그 뒤를 이어 네 번째 천막집들에 있는 사람들을 죽였다. 천막집 다섯 채가 아직 남았다. 그들에게로 다가가면서 그의 동료가 문신한 사람 두 명과 싸우고 있는 것을 보았다. 화살이 날아다녔다. 도우러 달려갔다.

그러나 문신한 사람들이 그의 동료를 죽여서 갈 수 없었다. 화살이 목구멍으로 곧장 떨어졌다. 이제 이 문신한 사람들과 노르카-뇨-뇨가 싸우기 시작했다. 문신한 한 사람은 마른 사람이고 다른 사람은 머리를 땋은 사람이었다. 그들이 싸우는 동안 한낮이 되었다. 그다음에 해가 지기 시작했다. 여기서 노르카-뇨-뇨는 머리를 땋은 커다란 문신한 사람에게 활을 쏘아서 머리를 떨어뜨렸다. 그런 다음 마르고 문신한 사람의 활시위를 망가뜨렸다. 마른 문신한 사람이 그에게서 맨발로 빠르게 도망갔다. 청년은 그를 쫓지 않았다. 그는 생각했다. '그를 쫓아가면 그를 죽일 거야, 그건 신 앞에 죄를 짓는 일이야.'

그는 문신한 사람들의 가축 무리, 한 여자를 데리고 집으로 돌아갔다. 전에 문신한 사람들이 툰드라 퉁구스인들에게서 훔쳐 온 여자 한 사람만 데리고 갔다. 그는 아버지에게 와서 그의 동료가 죽었다고 말했다.

"그 사람은 약한 인간이었군. 넌 뭘 했니?"

이 여자와 노르카-뇨-뇨는 살기 시작했다. 여러 해가 지나갔다. 이야기 끝.

오옐로코와 세 명의 러시아 상인

세 명의 러시아 상인 집의 일꾼은 오옐로코였다. 그의 키는 아주 작은데 손가락 정도였다. 오옐로코는 먹을거리를 구하러 갔으며 메추라기를 세 마리 얻어 왔다. 그 메추라기를 집으로 가지고 와서 자신의 아내에게 말했다.

"이 메추라기의 배를 갈라 피를 병에 모아서 잘 숨겨 둬."

아내는 피를 모아 병을 겨드랑이에 매어 두었다. 그러나 그사이에 오옐로코는 세 개의 버드나무를 잘라 날카롭게 만들어서 판에 박았다.

"이제 난 러시아 상인들에게 갈 거야." 오옐로코가 말했다. "아마 그들은 이리로 올 거야. 난 그들을 대접할 거니까. 당신은 먹을거리가 아무것도 없다고 말해. 그리고 화가 난 것처럼 해. 난 당신을 칼로 칠 거야. 메추라기 피가 흘러내리면 누워, 마치 죽은 것처럼 말이야. 한 시간 동안 그렇게 누워 있어. 이 세 개의 버드나무는 세 아들이 될 거야. 난 그들 중 가장 큰 것을 잡고 너를 때리며 말할 거야. '바로 여기에 가장 큰 아들이 와서 어머니를 살려 달라고 부탁하는군.' 당신은 어쨌든 또 한 시간을 누워 있어. 그때 난 가운데 버드나무, 둘째 아들을 잡고 다시 때리며 다시 말할 거야. '바로 여기에 둘째 아들이 왔어, 어머니를 살려 달라고 하는군.' 당신은 어쨌든 또 한 시간을 누워 있어. 그러면 난 작은 버드나무로 때리며 말할 거야. '바로 여기, 막내아들이 왔어. 어머니, 일어나세요, 살아나세요. 세 명의 배고픈 러시아인들이 앉아 있어요. 어머니를 죽일 정도예요.' 그때 당신은 일어나서 밖으로 나가 헛간에서 먹을거리를 조금 가지고 와. 그러면 러시아인들에게 내가 당신의 죽은 아버지에게 당신을 보냈고 세 버드나무가 당신의 아들이었으며 아래 땅에서 먹을거리를 가지고 왔다고 말할 테니."

그렇게 오옐로코는 아내에게 지시했고 상인들에게 갔다. 그는 그들의 집에서 차를 마셨다. 상인들은 그에게 말했다.

"이날 우리에게 일하러 와서 장작을 패. 그러면 노동의 대가로 먹을거리를 집으로 가져가게 해 줄 테니."

"당신의 음식을 저에게 줄 필요 없어요." 오옐로코가 대답했다. "음식은 있어요."

"풋." 상인들이 웃었다. "네가 음식을 어디에서 구해? 어디서 구한단 말이야?"

"저에게는 장인이 있어요. 장인이 음식을 보냈어요."

"그의 땅은 어디에 있어?"

"그는 아래 땅 사람이에요."

"아래 땅 사람들의 음식이 좋아?"

"어떻게 좋지 않겠어요."

"아냐." 세 러시아 상인들이 말했다. "아마 아래 땅 사람들의 음식은 좋지 않을 거야."

"저의 천막집에 오세요. 알게 될 겁니다." 오옐로코가 말했다.

세 상인들도 말했다.

"좋아, 놀러 가지."

그들은 오옐로코 집에 왔다.

"여보, 음식을 내와." 오옐로코가 말했다.

"무슨 음식을 가져와요. 음식이 완전히 동났는데." 아내가 말했다.

오옐로코는 칼을 잡고 아내의 겨드랑이를 쳤다. 메추라기 피가 흘렀다. 그러자 아내가 쓰러졌고 누워서 죽은 척했다.

"오옐로코, 무슨 짓을 한 거야." 세 상인들이 말했다.

"무슨 일이라뇨?"

"아무 일도 없다는 거야? 정말 네가 아내를 죽이지 않았단 말이야?"

오옐로코는 버드나무 하나를 잡고 말했다.

"지금 저의 아내는 아래 땅으로 가서 저의 세 아들에게 음식을 가지고 오라고 명령했어요."

한 시간이 지나자 아내를 버드나무로 때리며 말했다.

"자, 어머니, 살아나세요. 장남이 왔어요."

"계속 누워 있잖아." 상인들이 말했다. "오옐로코, 이제 넌 끝났어."

"아직 일러요." 오옐로코가 말했다.

한 시간이 흘렀다. 아내를 다른 버드나무로 때렸다.

"자, 일어나, 차남이 여기에 있어."

아내는 계속 누워 있었다. 상인들이 다시 말했다.

"오옐로코, 어쨌든 넌 곤란하게 됐어."

또 한 시간이 지났다. 오옐로코는 세 번째 버드나무를 잡았다.

"막내아들이 왔어. 이제 일어나 음식 가져와."

버드나무로 아내를 때렸고 손을 잡고 일으켰다. 아내는 일어났고 밖으로 나갔다.

"뭐야." 상인들이 말했다. "오옐로코 아이들은 정말 용감하군. 아래 땅에서 어머니에게 음식을 가져다주다니."

아내는 집으로 도로 들어와 다양하고 맛있는 음식이 든 상자, 술병과 잔을 가지고 왔다. 상인들은 술을 마시고 달콤한 음식을 먹었다. 살짝 술에 취했다.

"오옐로코, 지금 너의 아들들을 팔아."

술에 취한 사람들은 그렇게 말했다.

"세 아들은 돈이 되지, 말해 봐. 그 아이들도 꼭 데리고 갈게."

"저의 세 아들을 뭐에다 쓰시려고요?" 오옐로코가 말했다.

"필요해." 상인들이 대답했다. "아마 우리 아내들이 아래 땅에 가서 도둑질을 하게 될 거야."

그때 오옐로코가 말했다.

"나의 영혼만 이 세 아이들 속에 있을 수 있어요. 당신들이 나에게서 마지막 남은 것을 가지려 하네요. 줄 수 있어요. 다만 아들 하나에 천 루블을 내세요."

"줄게." 상인들이 소리쳤다.

"다시," 오옐로코가 말했다. "돈은 필요 없어요. 밀가루, 마른 빵, 다양한 맛있는 음식을 주세요. 그때 아이들을 데리고 가세요. 오늘 말에 맛있는 음식을 실어다 주세요."

상인들은 말에다 하루 종일 맛있는 음식을 실어 날랐다. 집은 음식으로 가득 찼다. 그러나 오옐로코는 집 밑의 구멍에다 음식 전부를 넣고 판으로 닫았다. 다시 집은 텅 비었다. 재산은 하나도 보이지 않았다.

세 상인은 세 개의 버드나무, 즉 오옐로코의 아이들을 자기 집으로 가지고 갔다. 한 상인, 큰형인 상인은 말했다.

"난 오옐로코의 세 아이들을 내 집으로 데리고 갈 거야.

그러니 너희들은 우리 집에 놀러 와."

큰형인 상인은 오옐로코의 아이들을 자기 집으로 데리고 갔다. 다음 날 다른 두 상인이 형의 집으로 갔다. 큰형인 상인이 말했다.

"여보, 맛있는 음식을 내와."

아내는 주지 않았다. 그때 오옐로코처럼 상인은 칼을 잡고 아내를 죽였다. 세 상인들은 웃었다.

"아내가 죽었으니 반드시 다시 살아날 거야."

시계를 보았다. 한 시간이 흘렀다. 하나의 버드나무로 때렸다. 또 한 시간이 지났다. 다른 버드나무로 때렸다. 또 한 시간이 지났다. 세 번째 버드나무로 때렸다. 아내는 계속 누워 있었다. 진짜 죽었던 것이다. 어떻게 살아나겠어? 심장을 칼로 찔렀는데.

세 상인은 모두 아내를 버드나무로 때리기 시작했다. 아내는 계속 누워 있었다. 그들은 지쳤다. '아내는 바보였군. 그러니까 일어나지 않지'라고 생각했다.

중간 상인의 아내는 매우 겸손했다.

"내일 너의 집에 놀러 갈게." 다른 두 상인이 말했다. 중간 상인은 자신의 집에 오옐로코의 버드나무를 가지고 갔다.

다음 날이 되었다. 두 상인은 중간 형제에게 갔다. 다시

아내를 찔렀다. 다시 소용이 없었다.

세 번째 날에 막내 상인 집에 갔다. 자신의 모든 아내가 죽었다. 한 명도 일어나지 않았다.

상인들은 오엘로코 버드나무를 불 속에 던지고 앉아 울었다.

"오엘로코를 어떻게 하지?"

"칼로 죽이는 건 좋지 않아. 총으로 쏘는 것도 좋은 방법이 아냐. 러시아 법이 지켜보고 있으니. 우리에게 문제는 우리 아내와 오엘로코야."

가장 막내 상인이 그때 제안을 했고 오엘로코를 커다란 물에 빠뜨리기로 결정했다. '그렇게 죽이면 법은 모를 거야' 라고 생각했다.

그때 상인들은 오엘로코의 천막집으로 갔다. 오엘로코의 천막집에 방문해서 울면서 그에게 말했다.

"너를 커다란 물에 빠뜨릴 거야. 너의 아내를 우리 집에 데리고 가서 우리에게 차를 끓이게 할 거야."

"그러세요." 오엘로코가 말했다. "커다란 물속에는 제 절친한 친구가 있어요. 그의 집에 방문할 거예요. 3푸트[14]의 돌을 달아 주세요. 물속에서 그것은 가격이 꽤 나가거든요.

14) 1푸트는 16.8킬로그램이다.

선물로 가지고 가려고요. 그럼 3푸트 돌을 찾으세요, 어서."

그때 상인들은 오옐로코를 잡고 얼음 구멍으로 데리고 갔고 자신들은 돌을 찾으러 갔다. 3푸트 돌을 빨리 찾을 수 없었다.

오옐로코는 누워서 누군가가 오는 것 같은 소리를 들었다. 보니 돌간인이 말을 타고 있는데 젊었고 구슬이 달린 고급 모피 옷을 입고 있었다.

"오옐로코, 왜 묶인 채 여기 누워 있어?" 돌간인이 말했다.

"나는 커다란 물속에 친구들이 많아. 그들에게 가려고 해." 오옐로코가 대답했다.

"너의 친구들 집에 놀러 갈까?"

"안 돼, 안 돼, 넌 부자잖아. 내 친구들은 널 알아. 너와 사귀려고 할 거야. 가난한 사람인 나를 더 이상 도와주려 하지 않을 거야."

돌간인이 말에서 내려 얼음 구멍을 들여다보고 구슬 달린 옷을 입은 자신을 보았다.

"이 사람은 누구지?" 그가 말했다.

"그 사람이 내 친구야." 오옐로코가 대답했다.

"내 옷을 가져." 돌간인이 말했다. "너 대신에 나를 보내줘. 난 부자들 집에 놀러 가고 싶어."

오옐로코는 돌간인의 옷을 걸쳤다. 자신의 볼품없는 옷을 그에게 주고 그를 묶어 얼음 구멍 가에 남겨 두었다. 자신은 말을 타고 집으로 갔다.

세 상인이 왔다. 3푸트 돌을 가지고 왔다. 힘들게 끌고 왔다.

"자, 오옐로코, 돌은 좋은 거야."

이때 돌간인이 놀랐다.

"무슨 돌이에요? 얼음 구멍에서 죽게 될 거예요. 돌 없이 가게 해 주세요. 필요 없어요."

상인들은 듣지 않았다. 그들은 돌을 달고 돌간인을 얼음 구멍에 던졌다.

"자, 오옐로코의 삶이야." 상인들이 말했다.

그런데 오옐로코는 모든 물건들을 집에 늘어놓았다. 자신은 구슬 달린 돌간인 모피 옷을 입고 가운데에 앉아 상인들을 부르러 아내를 보냈다. 아내가 뛰어갔고 세 상인이 왔다.

"3푸트 돌의 값어치가 이겁니다. 보세요." 오옐로코가 말했다.

상인들이 서서 놀랐다. 오옐로코가 살아 있었던 것이다. 집은 맛있는 음식으로 가득 찼다.

"너의 진정한 친구가 얼음 구멍에서 가까이 있어?" 상인들이 말했다.

"가까울 겁니다." 오옐로코가 말했다.

"우리가 그에게로 갈게. 괜찮겠어?"

"거기 가서는 절대 안 돼요. 당신들은 부자잖아요. 내 친구가 당신들과 사귀면 가난한 저를 버릴 거예요."

"우리는 너에게 묻지 않을 거야. 우리 발로 갈 거니까." 상인들이 말했다.

그들은 가면서 자기들끼리 말했다. 한 상인이 말했다. "난 3푸트 돌을 가져갈 거야." 다른 상인이 말했다. "난 4푸트." 그러자 세 번째 상인이 말했다. "난 5푸트." 세 상인은 가장 큰 돌들을 찾았다. 돌을 찾아 생각했다. '우리는 많은 것을 거래해야 할 거야.' 그들은 자기 스스로 다리에 돌을 묶고 얼음 구멍에 뛰어들었고 그 순간 세 러시아 상인은 죽음을 맞이했다.

오옐로코와 암늑대 샤먼

오옐로코가 세 상인을 죽이고 걸어서 빨리 떠났다. 앞에 집이 보일 때까지 오래 걸었다. 그러다 멈추더니 천막집을 세우고 다른 집을 방문하러 갔다.

보니 통나무집에는 순록이 많았다. 부자들이 사는 듯했다. 통나무집 안에 사람이 보였다. 젊지도 늙지도 않았다. 얼굴은 검었다. 이 사람의 이름은 야쿠트어로 카라간 토이온이었다.

차를 마실 때 카라간 토이온이 오옐로코에게 말했다.

"아들이 있는데 야생 순록을 잡으러 떠났어요. 오래 걸리진 않아요."

이미 어두워졌고 오옐로코는 계속 손님으로 있었다. 그들은 자려고 누웠다. 오옐로코는 모피 옷을 펴서 그 위에 누워서 자는 척했다. 사람들이 그를 깨웠지만 일어나지 않았다. 그는 그렇게 하룻밤을 머물게 되었다. 카라간 토이온 자신은 아내와 누워서 곧 잠이 들었다.

오옐로코는 마루에 누워 땅에 귀를 대고 집중했다. 한밤중이 되었고 오옐로코는 저 멀리에서 바스락거리는 소리를 들었다. 그는 생각했다. '카라간 토이온의 아들이 오는군.'

그는 일어나서 현관으로 갔다. 청년은 현관으로 들어와서 겨울 장화에서 눈을 털어 냈다.

"야생 순록을 잡았나?" 오옐로코가 물었다.

"한 마리 잡았어요." 카라간 토이온의 아들이 말했다.

"내 칼이야, 야생 순록을 먹어 보자."

오옐로코는 칼을 잡고 그것으로 청년의 가슴을 찔렀다. 그런 다음 청년을 현관에 넣고 마치 스스로 칼로 목숨을 끊은 것처럼 그의 오른손에 칼을 놓았다. 그리고 자신의 천막집으로 갔다.

밤에 오옐로코는 자신의 집에서 잤고 아침에 다시 카라간 토이온에게로 갔다.

카라간 토이온은 앉아서 울고 있었다.

"불행한 일이야, 좋은 아이였어. 왜 자살한 거지? 오옐로코, 그가 너의 집에 갔었어?"

"오지 않았어요." 오옐로코가 말하고 자신도 울면서 청년을 불쌍해했다.

"난 암늑대 샤먼을 찾으러 왔어요." 그가 말했다. "아마 암늑대가 굿을 하면 청년은 다시 살아날 수 있을 거예요."

"그렇게 해 줘." 카라간 토이온이 말했다. "샤먼을 찾아 줘. 내 세 마리 암순록을 묶어."

오옐로코는 해가 뜨는 곳으로 곧장 갔다. 거기서 땅속 구멍 속의 동굴을 발견했다. 그 안으로 기어 들어갔다. 입구에서 멀지 않은 곳에 천막집이 보였다. 천막집 안에 늑대가 여덟 마리 있었다. 한 늑대는 나이 들었고 회색이었으며 털이 자라 있었다. 오옐로코는 이 암늑대에게 말했다.

"카라간 토이온의 아들이 죽었어. 카라간 토이온이 굿을 해 달라고 너를 불러."

여덟 마리의 늑대가 대답했다.

"가자."

여덟 마리 늑대 모두 일어났다. 일곱 마리의 늑대는 자기 발로 달렸다. 각자 소고를 들고 갔다. 나이 든 암늑대만 오옐로코가 썰매에 태우고 갔다.

여덟 마리의 늑대와 오옐로코는 카라간 토이온의 집으로 달렸다. 오옐로코는 집에서 암늑대의 소고를 따뜻하게 해 주었다. 소고가 데워졌을 때 아무도 눈치채지 못하는 사이 커다란 물통의 물이 위쪽까지 가득 찼다.

암늑대는 굿을 하기 시작했다. 사람들은 전부 마루에 앉아 꿈틀거렸고 늑대들은 얼굴을 들어 울부짖었다. "우, 우…."

오옐로코는 조용히 밖으로 나갔다. 집 앞에 순록들이 전부 걸어 다녔다. 오옐로코가 소변을 누자 순록들은 그에게로 달려왔다. 그는 어느 암순록의 뿔을 잡았다. 부싯돌을 꺼내 부싯깃에 불을 붙여 불붙은 부싯깃을 암순록의 젖통에 붙였다. 불이 암순록의 젖통을 태우자 암순록은 날뛰기 시작했다. 나머지 순록들도 놀라서 암순록 뒤를 따랐다. 오옐로코는 다시 통나무집으로 돌아가서 암늑대 샤먼의 샤먼 의복 허리띠를 잡았다.

암늑대는 울부짖었다. "아우, 우…." 순록들은 통나무집 뒤에서 늑대의 울부짖음을 듣고서 더욱더 날뛰었으며 하마터면 통나무집을 뒤엎을 뻔했다. 그때 사람들이 소리쳤다.

"순록들이 불타고 있어."

그때 모든 사람들과 늑대들이 밖으로 달려 나갔다. 오옐로코와 암늑대만 통나무집에 남았다.

모두 통나무집에서 달려 나갈 때 오옐로코는 암늑대를 잡아 불 속에 던졌다. 암늑대는 곧 죽었다. 그런 다음 오옐로코는 암늑대를 불에서 꺼내 커다란 물통에 넣고 발만 물에서 보이게 한 후 자신은 밖으로 나갔다.

몇몇 늑대들은 불탄 순록들 뒤를 쫓아 잡았지만 자신들도 그 자리에서 불탔다.

그때 오옐로코는 사람들에게 물었다.

"왜 이 순록들이 불타고 있죠?"

한 늑대가 대답했다.

"사람들이 순록을 잡아서 태웠어. 사람들의 관습이 그런 것이고 계속해서 불탄 채 가고 있는 거야."

그들은 다시 통나무집으로 갔다. 암늑대 샤먼은 없었다. 다만 불탄 두 발이 보였다. "왜 불에 탄 거지?" 사람들이 말했고 알 수가 없었다. 사람들은 그렇게 생각했다. '암늑대는 불 옆에서 몸을 덥히다 불에 탔나 봐. 불에서 물속으로 뛰어들었고 그때 빠져 죽은 거지.'

오옐로코는 다시 울었다. "그녀를 내 천막집으로 데리고 갈게. 난 너무 안타까워. 내가 묻어 줄 거야."

오옐로코는 죽은 암늑대 샤먼을 자신의 집으로 데리고 가서 천막집 안에 놓았다.

다음 날 암늑대 아들들이 그의 집으로 오자 그는 말했다.

"얼음 위에 얼음 구멍을 만들어, 거기에 꼬리를 넣어. 얼음 구멍에 물이 얼면 뛰어. 만약 물에서 꼬리를 꺼낸다면 어머니가 살아날 거야."

오옐로코는 얼음 구멍을 냈다. 그 근처에서 오랫동안 수선을 떨며 더욱더 넓게 파서 모서리를 정리했다.

한밤중에 늑대들은 얼음 구멍 가장자리에 앉아 그 안에 꼬리를 넣었다.

아침에 오옐로코가 왔다. 얼음 구멍은 얼었고 늑대들의 꼬리는 얼음 속에서 얼어붙었다. 늑대들은 잡아당겼지만 꼬리를 꺼낼 수 없었다.

오옐로코는 얼음 깨는 송곳을 잡고 늑대들의 머리를 깨기 시작했다. 한 마리만 제외하고 모든 늑대가 죽었다. 그 늑대는 빙글빙글 돌아서 오옐로코가 아무리 해도 송곳으로 그를 찌를 수가 없었다. 이 늑대의 털만 얼었다. 그 늑대는 더 세게 몸부림쳤고 꼬리에서 가죽을 떼 내 도망쳤다.

오옐로코는 한 늑대를 놓친 것이 속상했다. 그는 '어쨌든 널 언젠가 찾아낼 거야'라고 생각했다.

그 때문에 이제 늑대는 사람을 무서워하게 되었다. 먹이를 찾는 밤에만 천막집에 다가갔다.

노고레사의 아들

도시 근처에 노고레사라는 이름의 가난한 사람이 아내와 아들과 살았다. 매일 노인은 할 일 없이 도시로 다니며 음식을 찾았다. 한번은 마지막 남은 청동 솥을 도시로 가지고 갔다. 러시아 상인들은 계속 그에게 말했다.

"넌 왜 계속 할 일 없이 돌아다니는 거야? 아무것도 가지고 오지 않을 거야? 모피 옷가지나 생선 같은 것 말이야."

노고레사는 어망으로 물고기를 잡았다. 힘겹게 생선 수프를 얻었다. 다섯 마리를 얻었으니 하루에 열 마리의 생선을 잡을 수 있게 될 것이다. 너무 가난하게 살았다.

노고레사의 아들도 러시아인들이 카드놀이 하는 것을 보러 도시에 계속 다녔다. 노고레사의 아들도 카드놀이를 하고 싶어 했다.

러시아인들이 그에게 말했다.

"카드 들고 꺼져. 넌 돈이 없잖아."

아들은 생선을 돈 대신 지불하기로 약속하고 카드놀이를 했다. 아들은 계속 졌고 그에게는 운이 따르지 않았다.

"그럼 생선을 가져와." 러시아인들이 말했다.

아들은 집으로 돌아갔다. 아버지는 내내 먹을거리를 구

하러 다녔다. 잡은 생선을 기슭에 던졌다. 아들은 몰래 잡은 생선을 모아 러시아인들에게 가지고 갔다.

노인은 아들에게 심하게 화를 냈다.

"지금, 우리는 생선 없으면 죽게 돼."

다음 날 아들은 참을 수가 없어서 다시 카드놀이를 하러 갔고 다시 졌다.

"근데 생선 어디 있어?" 러시아인들이 말했다.

아들은 다시 집으로 돌아갔다.

아버지는 어망이 있는 곳으로 가서 생선을 몇 마리 잡았다. 아들은 몰래 생선을 모아 러시아인들에게 가져다주었다. 노인은 아들에게 심하게 화를 냈다. 아버지는 막대기로 아들을 때리고 천막집에서 내쫓았다.

"가, 다른 땅을 찾아."

아들은 걸어서 떠났다. 가면서 울었다. 아들은 어린 거위를 잡아 그것을 튀겨 먹었다. 쥐를 잡아서 기름에 볶아 먹었다.

그는 오랫동안 걸었지만 한 사람도 만나지 못했다. 또 며칠을 걷다가 앞에 커다란 통나무집을 보았다. '아버지가 나를 내쫓아도 난 어쨌든 사람들을 찾아냈어'라고 노고레사의 아들은 생각했다. 다가가 보니 통나무집은 매우 낡았고 창문도 문도 없었다. '여기서 난 죽는구나. 어쨌든 통나무집으로 기어 들어가자. 더 이상 걸을 힘도 없어. 통나무집 안에서 죽겠지'라고 생각했다.

그는 통나무집 안으로 기어 들어갔다. 통나무집 안에는 커다란 식탁이 있었다. 그 위에 카드가 놓여 있고 차가 담긴 찻잔과 주전자가 있었다. 차에서 아직 김이 나고 있었다. 아들은 식탁 근처에 찻잔을 앞에 두고 앉았다. 그러나 마시기가 두려웠다. 그렇게 몸을 구부리고 앉아 있었다.

'어떤 사람들이 여기에 있었어. 그들을 기다리자.'

그때 한 사람이 지하실에서 기어 나왔다. 발이 하나, 손이 하나, 눈이 하나였다. 외눈박이는 노고레사 아들에게 말했다.

"누가 내 집에 온 거야?"

"난 가난한 사람이야." 노고레사 아들이 대답했다. "친구를 찾고 있어. 누구야?"

"난 낡은 통나무집의 수셋카라고 해."

"아버지가 있어?"

"여기 땅 밑에 악마가 있어. 이 악마가 땅주인이고 내 아버지야. 나는 친구가 없어. 넌 나와 함께 살래?"

"왜 아니겠어. 난 친구를 찾고 있다고 했잖아."

"그럼 함께 살자. 이제 차를 마시자."

"먹을 거 있어?"

"먹을 건 많아. 땅이 생산하는 모든 음식이 나에게 있어."

수셋카가 말하고 기어 나왔던 마루의 구멍으로 몸을 숨겼다. 그런 다음 다시 나왔다. 프랴니크[15]와 그 외의 온갖 맛있는 음식을 가지고 왔다. 그들은 차를 마시고 먹고 누워서 쉬었다.

"카드놀이 할 줄 알아?" 수셋카가 물었다.

"알아, 카드놀이 하고 싶어?" 아들이 대답했다.

"하고 싶지. 카드놀이 하는 걸 좋아해."

"무슨 놀이를 할까?" 아들이 물었다.

"전부 다 있어." 수셋카가 말했다. "난 땅주인인 아버지가 있다고 말했잖아. 금이 필요하면 금을 찾을 거야."

"나에게는 한 푼도 없어. 어떻게 하지?"

"좋아, 돈 놓고 게임하는 것은 어떻게 하겠어? 꿀밤 때리기로 하는 게 좋겠어."

"그렇게 해."

"널 한 번 때릴게." 수셋카가 말했다.

앉아서 게임을 했다. 노고레사 아들은 여기서도 졌다.

"그럼 꿀밤 한 대다." 수셋카가 말했다.

"할 말이 있어." 아들이 대답했다. "넌 외눈박이 종족이

---

15) 향료나 양념을 치고 꿀, 사탕, 단물 등을 넣어 만든 과자.

고 난 다르잖아. 나에게도 아버지가 있어. 아버지에게 물어 볼게. 아마 아버지는 나를 때리는 걸 허락하지 않으실 거야. 그리고 아마 다른 종족의 사람을 때리는 것은 나에게 허락해 주실 거야. 우선 내가 알아보고 그런 다음 네가 내 꿀밤을 때려."

"좋아." 수셋카가 말했다.

노고레사의 아들은 달려 나가서 곧장 통나무집이 많은 곳으로 갔다. 문 하나가 열려 있었다. 아들은 그리로 다가갔다. 통나무집 안에 러시아인이 철을 단련하고 그것으로 각종 물건들을 만들고 있었다. 그때 러시아인이 물었다.

"누구요?"

"손님이에요." 노고레사의 아들이 대답했다.

"뭐가 필요해서 이리로 온 것이냐?"

"저에게 사연이 있어요. 제가 꿀밤 내기 카드놀이를 했는데 졌어요. 지금 상대방이 저를 때리려고 해요. 제가 낡은 통나무집에 살고 있는 수셋카에게 졌거든요. 그의 꿀밤을 피할 좋은 방법이 없다고 생각해요."

"그가 널 죽일 거야." 러시아인이 말했다.

그는 책을 들고 보더니 말했다.

"이 수셋카는 땅의 악마야. 책 안에 그에 대해 적혀 있어. 그의 한 방이면 너의 영혼은 저 멀리 날아갈 거야. 무슨 생각

없어?"

"철로 방패를 만들어 주세요." 아들이 대답했다.

"그것으로 이마를 덮게요."

러시아인은 만들어 주었다. 철판 일곱 개를 서로서로 이어 붙이고 철 이마를 만들어 주었다. 노고레사의 아들은 그것을 주머니에 넣었다.

"악마가 두렵지 않니?" 러시아인이 물었다.

"너무 무서워요. 그는 눈이 나빠요."

"때릴 때 눈을 감으라고 해. 그때 머리에 철을 써."

"그렇게 할게요." 아들이 말했다. "나에게 송곳처럼 끝이 뾰족한 1푸트 무게의 망치를 하나 더 만들어 주세요."

러시아인은 망치도 만들어 주었다. 노고레사 아들은 모피 옷 밑에 그것을 숨기고 수셋카에게로 돌아갔다.

"아버지가 뭐래?" 수셋카가 말했다.

"아버지가 이마를 내주래. 다만 때릴 때 나를 보지 마. 안 그러면 난 너무 무서워."

수셋카는 통나무집 안의 불을 희미하게 만들었다. 그때 아들은 철 이마를 재빨리 썼다. 수셋카가 장난스럽게 그의 이마를 쳤다. 여섯 개의 철판이 부러졌다. 일곱 번째는 겨우 망가지지 않았다. 수셋카가 불을 켜기 전에 재빨리 철을 주머니에 숨겼다.

다시 게임을 하려고 앉았다. 이제 수셋카가 졌다.

"눈을 감아." 아들이 말했다. "이제 내가 때릴 거야."

수셋카가 눈을 감았다. 노고레사의 아들은 망치를 꺼내 수셋카의 이마를 있는 힘껏 때렸다. 뇌가 날아갔고 마루에 흘렀다. 수셋카가 웃었다.

"이봐, 넌 손가락에 힘이 조금 있는데."

손으로 이마를 쓰다듬으니 상처가 사라졌다. 그는 일어나서 말했다.

"이제 꿀밤 때리는 게임은 그만두고 손톱으로 등을 할퀴는 게임을 하자."

앉아서 게임을 했다. 노고레사 아들이 졌다.

"등을 대." 수셋카가 말했다.

"기다려. 아버지에게 다시 가서 물어볼게." 노고레사 아들은 대답하고 러시아인에게 달려갔다.

"무슨 일이니?" 대장장이가 물었다.

"큰일 났어요." 아들이 대답했다. "빨리 제 등에 갑옷을 만들어 주세요. 등을 할퀴는 게임에 졌어요."

대장장이는 그에게 일곱 개의 철판으로 갑옷을 만들어 주었다.

"이제 1푸트 무게의 날카로운 손톱이 달린 손을 만들어 주세요."

대장장이는 날카로운 손톱을 만들어 주었다.

노고레사의 아들은 모두 가지고 수셋카에게 갔다.

"아버지는 내 등을 너에게 내주래. 다만 눈을 감아 줘."

"좋아." 수셋카는 대답하고 눈을 감았다.

아들은 마루에 누워 갑옷을 입었다. 수셋카는 손가락으로 할퀴었다. 일곱 개의 철판이 다 망가졌고 아들의 등은 피로 얼룩이 졌지만 심각한 것은 아니었다.

계속 게임을 했다. 이번엔 수셋카가 졌다.

"자, 등을 내밀어. 눈은 감고 마루에 누워." 아들이 말했다.

수셋카는 눈을 감고 마루에 누웠다.

아들은 있는 힘껏 수셋카의 등을 철 손톱으로 할퀴었다. 살점이 전부 떨어져 나갔다. 폐가 보였다.

수셋카가 웃었다.

"노고레사 아들아, 넌 제법 힘이 있구나."

등을 한 손으로 쓰다듬으니 전부 아물었다. 그는 일어나서 아무 일도 없었다는 듯 앉아서 말했다.

"게임하면서 넌 내내 아버지에게 조언을 구하는구나. 아마도 아버지가 너에게 내내 지혜를 빌려주는 것 같아. 너의 아버지를 모시고 와. 네가 떠날 생각이라면 난 널 도중에 잡아 올 거야."

노고레사의 아들은 대장장이에게 갔다.

"이제 어떻게 하지?" 대장장이가 말했다.

"당신을 데리고 오래요." 아들이 대답했다.

"나의 아버지인 척하세요. 수셋카가 당신을 볼 거예요."

러시아인이 울기 시작했다.

"이제 난 죽었어. 넌 왜 수셋카와 연관된 거니?"

"제안 하나 할게요." 아들이 말했다.

"어떤 제안?"

"철로 사람을 만들어 주세요. 내부에 축음기를 넣고 심장 대신에 소고를 넣으세요." 아들이 말했다. "제가 아버지 대신에 그것을 가지고 갈게요. 가슴은 문이 열리게 만들어 주세요. 그 열쇠를 저에게 주세요."

대장장이는 철 인간을 만들었다. 아들은 몰래 수셋카의 통나무집으로 그것을 가지고 가서 소리가 나게 마루에 던졌다. 축음기가 나왔다. 축음기가 연주되었고 소고도 소리를 냈다.

"네 아버지가 뭐라는 거야?" 수셋카가 물었다.

"아버지가 추워서 화가 났어." 아들이 대답했다.

"네 아버지의 언어는 전혀 못 알아듣겠어." 수셋카가 놀랐다.

"아버지는 너에게 인사하고 싶어 해." 아들이 말했다.

수셋카는 철 인간에게 자신의 하나뿐인 손을 내밀었다. 아들은 그 손을 철 인간의 가슴에 있는 문으로 잡고 자물쇠를 채웠다.

"네 아버지가 손을 세게 쥐었어." 수셋카가 말하면서 빼내려 손을 흔들었다. 축음기와 소고는 더욱더 소리를 냈다.

"네 아버지 좀 말려. 네 아버지가 내 손을 완전히 잘라 버리겠어." 수셋카가 소리쳤다. "너무 화가 났나 봐. 필요한 것 전부 다 줄 테니 가라고 해. 난 됐으니까. 겨우 정신을 차리고 있을 정도야."

"내 키만큼의 돈더미를 넣어." 노고레사 아들이 말했다. "그러면 살아남을 수 있어."

"줄게. 지하실에서 돈을 가져와서 네 키만큼 마루에 쌓아." 수셋카가 소리쳤다.

아들은 돈더미를 키만큼 쌓고 수셋카를 놓아주었다. 손의 상처는 계속 있었지만 그가 그 상처를 혀로 핥으니 다시 괜찮아졌다. 그가 말했다.

"너의 아버지는 강한 사람이야. 그가 이 돈더미를 나를 살리는 대가로 가지고 가라고 명령했지? 난 도와준 대가로 너에게 은을 더 줄게. 만약 네가 선물을 가지고 가지 않는다면 좋지 않을 거야. 아버지도 데리고 가 줘."

수셋카는 노고레사의 아들에게 은더미를 선물로 줬다.

노고레사의 아들은 모든 돈을 모아 대장장이에게 가서 그가 일해 준 대가로 많은 돈을 주었다.

두 명의 사냥꾼과 샤먼

옛날에 세 사람이 살았다. 그들 중 한 사람은 기혼이고 다른 한 사람은 독신이며 또 다른 사람은 샤먼이었다.

그해는 상황이 좋지 않아 그들은 아무것도 얻지 못했고 굶주린 채로 바닷가로 왔다. 여기서 커다란 언덕 위로 올라갔다. 두 사람은 샤먼에게 먹거리가 어디에 있는지 보라고 부탁했다. 샤먼은 굿을 했고 먹거리가 바닷가에 있다고 말했다.

두 사람은 바닷가로 갔고 샤먼은 집으로 돌아갔다. 두 사람은 얼어붙은 바다로 가면서 흰 암곰을 보았고 곰을 죽였다. 암곰의 가죽을 벗겨서 무서운 바람이 일어난 것을 보고 두 사람은 집으로 가려 했다. 두 사람이 가죽을 가지고 가기 위해 그 가죽 위에 앉았지만 바람은 그들을 가죽과 함께 잡아서 그것을 말아 얼음 위를 끌고 다녔다. 가죽이 조각조각 찢어지자 다시 사람들은 볼 수 있었다. 자신들과 멀지 않은 곳에서 초록빛 땅을 보았다.

그들은 얼음에서 그곳으로 건너갔다. 얼마 후 천막집들이 앞에 나타났다. 그들 각자는 활과 장검을 가지고 있었다. 주민들을 위협하지 않으려고 천막집으로 다가가면서 자신의 총을 이끼 속에 묻었다. 천막집 근처에 멈춰 벽 너머의 대화를 들었다. 호칭으로 볼 때 어머니가 딸에게 말하는 것 같았다.

"너의 오빠들이 곧 집으로 올 거야."

그런 다음 아가씨가 천막집에서 내다보았다. 아가씨는 사람들을 보고 나서 숨더니 말했다.

"모르는 사람 둘이 천막집 옆에 있어요."

그때 노인의 목소리가 나왔다.

"천막집 옆에 서 있는 당신들은 뭐 하는 이들이오?"

뒤이어 두 사람은 천막집 덮개를 장검의 뾰족한 끝이 들어 올리는 것을 보았고 그다음 노인의 얼굴이 보였다.

노인은 손님들을 훑어보았다.

"우리는 총을 가지고 있지 않아요." 손님들이 말했다. "우리는 길을 헤매다 멀리서 왔어요."

노인은 그들이 정말 총을 가지지 않았다는 것을 알고서 천막집에 그들을 초대했다.

"순록을 잡아라." 노인은 아가씨에게 말했다. "오래된 고기를 손님들은 좋아하지 않을 듯싶구나."

노인 자신은 불 위의 항아리에 뭔가를 끓였다. 그다음 항아리에서 작은 숟가락으로 음식을 꺼내서 손님들을 대접했고 자신이 차례로 각자의 입 앞에 음식을 가져다주었다.

그때 노인의 세 아들이 도착했다. 불 옆에 앉았고 장남은 손님들에게 누구며 어디서 왔는지 물었다.

손님들은 자신들의 이야기를 하며 그들이 어떻게 무엇으로 살았는지 주인들에게 물었다. 그들은 두 발과 네 발 달린 짐승과 야생동물들을 사냥한다고 말했다.

"두 발 달린 야생동물은 어떤 겁니까?" 손님들이 물었다.

"다음에 보게 될 겁니다."

며칠 후에 노인은 손님들을 사냥에 데리고 갔다.

"우리 야생동물들을 가서 보세요."

손님들이 갔다. 그들과 함께 노인의 세 아들과 다른 사람들이 이웃 천막집에서 합류했다.

그들은 툰드라 멀리 들어갔다. 사람들이 갑자기 저 멀리서 나타나자 그들이 말했다.

"바로 저들이 우리 야생동물이오."

손님들은 자리에 멈춰 섰고 이 노인의 아들들과 다른 사람들은 야생동물들을 에워싸러 갔다. 손님들이 보니 사람들이 뭔가를 에워싸더니 그들을 쫓았다. 손님들은 사람들이 쫓는 그 사람들을 보고 이것이 야생 순록이 아니라 긴 머리를 한 벌거벗은 사람들이라는 것을 알게 되었다. 그 가운데에는 노인들도, 여자들도, 아이들도 있었다. 그들은 바짝 달려가며 추위와 공포로 소리쳤다.

"우리를 죽이지 마세요. 우리도 사람이에요."

손님들은 놀라서 마비되었고 이 '야생 인간들'을 지나쳐 갔다.

그들의 동료들은 사냥하기 위해 그들을 향해 달려가면서 소리쳤다.

"왜 쏘지 않아요? 왜 야생 인간들을 놓쳐요? 사냥꾼이 아니에요?"

"이것은 야생 순록이 아니라 사람들이에요." 손님들이 말했다.

"우리에게 야생은 마찬가지요. 당신들은 어떤 사람들이오? 그들을 죽이지 않는다면 우리와 살기를 원하지 않는 거요?"

이 말은 손님들 중에 기혼자를 수치스럽게 했다. 그는 용감한 사람이며 훌륭한 사냥꾼이었다.

"난 당신들의 '야생 인간'을 허투루 쏘았소. 이 사람들은 인간이기 때문이오. 그러나 만약 당신들에게 그들을 사냥하는 관습이 있다면 나를 따라와요. 내가 사냥꾼이라는 걸 보여 주겠소. 당신들의 '야생 인간'을 죽이기 위해 난 활도, 장검도 필요 없소."

손님은 이렇게 말하고 나서 '야생 인간'을 잡기 위해 달렸고 그들을 쫓았으며 막대기로 그들 모두를 죽였다. 다만 어린 소년 하나만 놓아주었다.

그는 자신의 동료와 함께 두 명의 '야생 인간'을 천막집으로 가지고 갔고 거기서 나무 위에 매달았다. 그런 다음 다시 사냥을 갔고 진짜 네 발 달린 야생 순록을 몇 마리 잡았으며 역시 천막집으로 가지고 갔다. 천막집에서 손님들은 사냥에 대해 아무 말도 하지 않았다. 저녁에 노인의 아들들이 왔다. 노인은 그들에게 물었다.

"그래 어떻게, 야생 인간을 잡았니?"

아들들이 대답했다.

"한 무리를 발견했고 손님들이 그들 모두를 놓아줬어."

그러자 노인이 손님들에게 왜 야생 인간을 놓아주었는지 물었다. 기혼자인 손님이 말했다.

"처음에 난 일부러 당신의 야생 인간들을 놓아주었어요. 왜냐하면 우리 식으로 보면 그건 야생 순록이 아니라 인간이니까요. 그러나 그다음에 제가 당신에게 말했잖아요. '나를 따라오세요. 전 당신들의 '야생 인간들' 전부를 막대기로 죽이겠어요.' 당신들은 가지 않았던 것 같아요. 전 당신 '야생 인간들' 전부를 죽였고 그들 중 두 명을 이리로 데리고 왔죠. 나머지는 버렸어요. 왜냐하면 그들은 너무 말랐고 뼈밖에 없었으니까요."

"괜히 버렸군요." 노인이 말했다. "어쨌든 고기는 충분했을 텐데."

두 손님은 이 사람들 곁에서 살려고 남았다. 그들과 함께 사냥했다. 기혼자가 된 손님은 특히 자신이 능력 있고 용감한 인간이라는 것을 보여 주었다.

노인은 그의 손님들 중 하나가 특히 용감한 사람이라는 것을 알아보았고 이 손님이 그들을 공격하려고 할까 봐 두려워졌다. 왜냐하면 인간을 사냥할 동안 이 손님은 깊은 생각에 잠겼고 얼굴이 어두웠다. 이 용감한 손님을 자기에게 잘 묶어 두기 위해 노인은 그를 자신의 딸과 결혼시켰다.

결혼 후 손님들은 노인 곁에서 계속 살았다. 그의 아들들과 함께 '야생 인간들'을 사냥했고 물고기를 낚았다. 물고기는 쿵사였지만 역시 사람 모습이었다. 3년 후에 흉년이 들었다. 아무것도 구할 수 없게 되었다. 용감한 사위는 말했다.

"저에게는 항상 그랬습니다. 3년 동안 얻었고 그다음엔 사냥하러 가도 아무것도 발견하지 못했죠."

노인은 동료와 그의 사위의 얼굴이 어두워지는 것을 알아챘다. 그들의 얼굴은 자주 변했고 노인은 어떻게 해서든 그들을 제거하기로 결심했다. 거기서 멀지 않은 곳에 러시아인이 살았다. 그가 상인인지 지도자인지는 알지 못한다. 그는 매우 강하고 독특한 지식을 가진 사람이었다. 노인은 그에게 자신의 손님들을 보내기로 결심했다.

노인은 자신의 딸에게 밤에 남편에게 다음과 같이 말하라고 언급했다. '장갑 없이 일하면 손이 상처투성이가 돼요. 러시아인에게 가서 장갑을 구해 오세요.'

딸은 아버지의 지시를 이행했다. 아침에 사위는 노인에게 러시아인이 어디에 사는지 물었다. 노인이 썰매 매는 줄 세 개의 길이와 같은 거리에 있는 높은 곶 위라고 말했다.

두 손님은 걸어서 러시아인에게로 갔다. 곶 위에 집 같은 커다란 구조물을 발견했다. 그들은 구조물 안에 있는 문에서 끝나는 긴 통로로 들어갔다. 그들은 문 뒤에서 한 사람을 발견했다.

두 사람은 들어가서 통나무집에 앉아 있는 사람 앞에 섰다.

그 사람은 그들에게 물었다.

"너희들은 누구냐? 옷을 보니 너희는 여기 사람들이 아니군."

두 손님은 계속 서서 그에게 자신들에 대해 모두 설명했다.

그때 이 사람이 말했다.

"너희의 모든 불운은 샤먼 탓이다. 그는 너희를 바닷가로 보냈다. 그 때문에 너희는 5년 동안 집으로 갈 수 없다. 내가 너희에게 철로 만든 폐쇄된 배를 보내 주겠다. 그 배가 기슭에 부딪치는 곳, 모래에 그 배가 구를 곳, 그곳에서 배의 앞부분이 가리키는 곳으로 나가서 걸어가거라. 보지 말고 걸어가. 너희 중에서 보는 사람을 난 철 망치로 때릴 것이다. 걸어가는 것이 피곤해지기 시작할 때 잠을 자거라. 일어나면 너희들은 볼 수 있을 것이다."

그 사람은 두 손님을 자신의 집에서 내보내고 철배에 태워 그것을 단단히 닫았다. 오랫동안 배는 물 위를 갔다. 마침내 배가 기슭에 다다랐고 모래사장에 부딪쳤다.

용감한 사람, 기혼자였던 그 사람은 배에서 나와 보지 않고 배의 앞부분이 가리키는 곳으로 걸어갔다. 얼마 동안 그는 동료의 발걸음 소리를 들었다. 그다음에 발소리가 끊어졌지만 그 사람은 한 번도 보지 않았고 탈진해서 모래에 쓰러져서 잠들 때까지 걸었다.

아침에 보니 그 뒤에 아무도 없다는 것을 알았다. 계속 걸었다. 얼마를 걸었는지 모르게 걸어가니 저 멀리 썰매 줄이 보였다. 그는 그쪽으로 더 가까이 갔고 썰매 줄 앞에 타고 있는 여자, 자신의 전 부인을 알아보았다.

"어떻게 지냈어?" 돌아온 남편은 여자에게 물었다.

"샤먼이 나에게 당신 둘은 죽었다고 말했어요. 그리고 저를 자기 아내로 삼았어요." 여자가 대답했다.

그 사람은 자신의 종족에게로 향했고 집회를 소집했다.

집회에서 그는 샤먼의 일에 대해 설명했고 그를 어떻게 하면 좋을지 물었다. 종족은 대답했다.

"샤먼은 너에게 해를 가했어. 네가 하고 싶은 대로 그를 처리해. 그를 죽일 수도 있다. 그건 네가 알아서 할 일이야."

그 사람은 샤먼의 천막집으로 가서 그를 죽이고 자신의 아내와 자신의 재산을 도로 찾았다. 샤먼을 살려 둔다면 샤먼은 어쨌든 그를 살려 두지 않을 것이기 때문에 다른 방법이 없었다.

그때부터 이 사람은 자신의 아내와 행복하게 살았다.

라쿠나의 아들들

기슭을 따라 버드나무가 무성한 개천이 있었다. 기슭에 통나무집이 있었다. 이 통나무집에는 세 사람이 살고 있었다. 한 사람은 노인이고 병자이며 눈이 멀었다. 그에게는 두 아들이 있으며 청년이 되었다. 어머니는 없었다.

여름이다. 노인은 물고기를 낚고 나뭇가지를 타고 물 위를 다녔다. 자신은 보이지 않아서 아들에게 물었다.

"어망의 부표가 가까워졌니?"

"가까이에 있어요."

"찾았다, 찾았어, 저기에 있네."

가끔 두 마리, 세 마리를 낚았다. 이제 때가 되었다. 물고기들이 없어졌다. 이제 통나무집에 앉아 불을 보았다.

추위가 닥쳤다. 노인은 심하게 기침을 하기 시작했다. 저녁이 되었고 불을 지폈다. 노인은 모피 옷을 벗고 불 앞에서 벌거벗은 등을 데웠다. 노인의 등에서 아이들은 오래된 상처를 보았다. 등에는 아주 커다란 화상 자국이 있었다. 노인이 심하게 기침을 할 때 화상 자국은 이 때문에 더욱더 부어올랐다. 노인이 말했다.

"애들아, 이제 난 죽을 때가 온 것 같구나. 전에 나에게 딸이 있었어. 난 너희 누나를 부유한 퉁구스인에게 줬단다. 그 사람은 사냥에 뛰어난 사람이었어. 지난봄에 그는 툰드라에서 산으로 야생 순록을 사냥하러 갔단다. 그가 곧 다시 올 거야. 우리 통나무집 근처의 길로 말이다. 얼마의 시간이 지난 후 사위가 올 것이다."

닷새 후에 툰드라에서 이 퉁구스인의 썰매가 도착했다.

그에게는 썰매가 두 대 있었는데 모두 순록이 끌었다. 이 통나무집까지 와서 순록들을 풀어 주었다. 매형은 굶주린 아이들에게 고기를 주었다. 퉁구스인은 말했다.

"만약 지금 굶주린 채로 있는다면 당신들은 아마 죽을 거야. 난 나와 함께 숲으로 유목을 떠나자고 제안하는 거야."

노인은 동의하지 않았다.

"죽은 아내를 떠나 유목 생활을 하고 싶지 않아. 여기서 죽을 거야."

"장인어른이 원하지 않는다면 두 아들만 데리고 가겠소."

그들도 아버지를 떠나려고 하지 않았다.

"그럼 어떻게 계속 살겠다는 거야? 내가 얼마만큼의 고기를 남겨 주고 갈게. 이걸 먹어. 내가 생각할 때 이 고기면 3년을 먹을 수 있을 거야. 3년째 되는 해에 우리는 돌아올 거야."

더 간단히 말해서 그들은 남았고 3년 동안 남겨진 마른 고기를 먹었다.

3년째 되는 해에 노인은 병이 났고 고기가 떨어졌다. 3년째에 노인은 더욱더 나빠졌다. 그는 모포에서 나오지 않았고 계속 그 안에 누워 있으며 말하지 않았다. 그렇게 3일 동안 말도 하지 않고 모포 속에 누워 있었다.

3일째 되는 날 장남은 아버지의 모포를 건드렸다.

"왜 가만히 계세요? 우리를 내버려 두실 거예요?"

노인은 일어나서 앉았다. 그는 모포에서 맨발로 나와 문을 열었다. 문을 연 다음 허리까지 젖혀서 태양을 똑바로 바라보았다. 노인은 장님이었지만 반나절 동안 손 밑에서 해를 보았다. 그런 다음 앉아서 말했다.

"왜 따뜻하지 않지? 난 그들이 우리에게서 떠나던 길을 보았어. 너희의 발자국이 눈에서 사라졌어. 너희 중 둘째의 발자국이 사라졌어. 떠날 때 하나는 활을 가지고 가고 다른 하나는 창을 가지고 가거라. 내 등을 보았겠지? 오래된 상처야. 젊은 시절 난 다른 종족, 문신한 사람들과 싸우곤 했지. 화살이 등에 꽂혔는데 뒤에서 쏜 거야."

노인은 이야기를 끝내고 모포 속으로 기어 들어가서 죽었다.

아버지가 죽자 아이들은 3일 동안 앉아 있었다. 떠나려 했지만 가다가 다시 집으로 돌아왔다. 그렇게 3일 동안 계속

반복했다. 세 번째 날에 형이 말했다.

"더 이상 돌아오지 말자. 만약 돌아오면 죽는 거야. 가서 빈 땅 어딘가로 가는 게 좋을 듯하다."

이제 갔다. 계속 걸었다. 진짜 겨울이 왔다. 오래 걸었지만 메추라기 한 마리도 보이지 않았다. 얼마의 시간 동안 쥐를 찾아 먹었다. 그들이 이동하는 동안 여름이 왔다. 여름이 오자 그들은 새를 찾아 그것으로 연명했다.

그렇게 그들은 계속 걸었고 강을 만나게 되었다. 그들이 강에 나무토막을 던지자 나무토막은 흘러갔다. 흐름은 방향을 보여 주는 것이었다. 그들은 흐름을 따라가기로 결정했다. 그렇게 그들은 강을 쫓아갔고 강이 바다에 닿는 것을 보았다. 강 하구에 기슭이 있고 이 기슭 위에 천막집이 열 채 있었다. 이 천막집들에 도착하기 전에 조그맣고 보잘것없는 한 천막집이 있었다. 이 천막집으로 들어갔다. 거기에는 부부가 있었는데 그들은 퉁구스인들이었다.

"애들아, 어디서 오는 거니?"

"우리는 라쿠나 노인의 아들이에요. 라쿠나 노인은 돌아가셨어요." 그들이 대답했다.

"그래, 라쿠나 아들들이 어딘가에서 헤매고 있다는 소문을 들었다. 너희니?"

"네, 바로 저희예요. 근데 누구세요? 왜 다른 천막집들과 떨어져 있는 거예요?"

"내가 그들과 살고 있어도 그들과 어쨌든 떨어져 있는 거야. 그 사람들은 문신한 사람들이기 때문이지. 난 그들이 두려워."

그들은 자신들도 먹고 그들에게도 먹을 것을 주었다. 다 먹고 나서 잠이 들었다. 그들이 옷을 벗자 형은 떨면서 잠이 깼다. 어딘가에서 문신한 사람들이 그 앞에 나타난 것을 보았다.

"너희가 라쿠나 아들들이냐? 우리 주인이 너희를 불러, 빨리 가자."

문신한 사람들이 말을 다 하고 나갔다. 아이들은 천막집에서 시간을 끌고 서두르지 않았다. 퉁구스인이 말했다.

"잘 듣고 와. 만약 시간을 끌면 안 좋을 수 있어."

그들은 걸어갔다. 그들의 천막집 근처에 둥글게 문신한 사람들이 앉아 있었다. 다리가 길고 키 큰 문신한 한 사람이 활을 들고 앉아 있었다. 그가 물었다.

"너희가 라쿠나의 아들들이냐?"

"네, 우립니다."

"우리는 헤엄치는 야생동물들을 사냥한다. 사람이 서 있는 것을 보았을 것이다. 그 사람은 야생 순록을 찾고 쫓아가는 우리 사냥꾼이야. 우리 중에서 누구든 그와 가야 해."

아이들은 말한 대로 했다. 어떻게 하겠어? 동생이 말했다.

"죽음은 좋은 것인가요? 그럼 갈게요."

그 사람은 말했다.

"나뭇가지를 타고 그곳으로 가면 안 돼. 그는 산에서 저 기슭으로 곧장 뛰어갈 거야. 너도 그와 뛰어가야 해."

그 둘은 산에 서서 강 밑으로 갔다. 문신한 사람이 뛰어서 저쪽 기슭에서 멀지 않은 곳에 있는 둑에 섰다. 라쿠나의 아들은 3미터 더 멀리 마른 기슭으로 곧장 뛰었다.

문신한 사람은 자신이 뒤처진 것에 화가 나서 자신의 활을 잡고 라쿠나의 아들을 정조준했다. 그들은 뛰어서 눈에서 사라졌다. 그런 다음 그들은 다시 나타나서 서로서로 싸우며 활을 쏘아 대는 듯했다.

기슭에 도달해서 둘은 천막집으로 도로 뛰어갔다. 문신한 사람들은 둘러앉아 있었다. 그 두 사람이 도로 뛰어오는 것을 보고 모두 창을 잡았다. 그 두 사람은 그들 사이에 떨어져야 했다.

라쿠나의 아들 중 형도 손에 창을 잡았다. 그 두 사람이 땅에 닿자 문신한 사람들 모두가 그들에게 덤볐다. 그 둘은 사람들이 그들에게 덤벼드는 것을 보고 다시 위로 뛰었다. 라쿠나의 아들 중 형은 그때 자신의 창을 던졌다. 도약하는 사람의 무릎 아래 다리를 맞혔다. 라쿠나 아들들은 이 일을 의논했다.

"우리는 죄를 저질렀어. 우린 죽을 거야."

문신한 사람의 우두머리가 말했다.

"괜찮아. 그 사람은 죽게 내버려 둬."

그들은 묵었던 그 천막집으로 갔다. 그리고 잠을 잤다.

일어날 시간이 되었을 때 다시 문신한 사람들의 천막집에서 사람이 와서 우두머리가 그들을 부른다고 말했다.

그들은 갔다. 문신한 사람들은 산 위에 예전처럼 둥글게 앉아 있었다. 그들 주변에 어느 문신한 사람이 서 있었다. 그의 목은 짧고 뒤통수에서 한 개의 두툼하게 땋은 머리가 튀어나와 있었다. 우두머리가 말했다.

"이 사람은 이제 물 밑으로 갈 것이다. 거기에는 매머드가 있어. 그걸 들어 올리기 위해선 도와줄 동료가 필요해. 너희 중 누가 그와 가겠느냐?"

라쿠나 아들 중 형이 말했다.

"제가 가겠습니다."

둘은 산 위에서 뛰어내려 곧장 물 아래 바닥으로 갔다. 사람들은 산 위에 앉아 있었고 이미 날은 어두워져 아무것도 보이지 않았다. 라쿠나 아들 중 동생은 산 위에 혼자 남았고 문신한 사람들은 천막집으로 흩어졌다. 모두 잠자리에 들었을 때 그는 물 가운데에 물거품이 계속해서 나오다 터지고 사라지는 것을 보았다. 이 거품들은 다른 기슭으로 가고 있으며 터지고 계속해서 나타났다가 그 기슭으로 나왔다. 그런 다음 그가 앉아 있는 이 기슭으로 또 거품들이 물에서 나왔다. 그 거품들이 기슭에 가까워졌을 때 물에서 라쿠나 아들 중 형이 나왔다. 동생은 그를 보고 달려갔다.

"형, 어디에 있었어? 살아 있으니 다행이야."

"그래, 나는 살아 있어. 우리가 물 밑으로 갔을 때 빈 공간이 넓게 있었고 물이 전혀 없었어. 물 밑에 사람 뼈가 아주 많이 있더라. 우리가 그곳까지 갔을 때 나의 동료는 자신의 창을 들고 나에게 던졌어. 그가 말했지. '내가 이 사람들 전부 죽였다.' 우리는 거기서 싸웠어. 난 그를 몇 번 죽였는데 떨어져 나간 그의 몸 조각들이 몇 번 연결되었어. 그때 난 세 부분으로 그를 잘랐어. 한 조각은 저쪽 기슭 땅 밑에 남겨 두었고 두 번째 조각은 땅 밑 물 가운데에 남겨 두었고 세 번째 조각은 땅 밑 이 기슭 옆에 남겨 두었어."

그런 다음 형은 말했다.

"우리는 어쨌든 이 사람들과 살 수 없을 거야. 다른 곳 어딘가로 가자."

그들은 이 강의 기슭을 따라 위쪽으로 갔다. 또 하나의 강이 이 강에 닿았다. 닿은 강을 좇아가니 강 끝에 매우 큰 호수가 나왔다. 호수 정중앙에 섬이 있었다. 섬에는 천막집이 약 열 채 있었다. 강이 호수에서 흘러나오는 그곳에 언덕이 있었다. 이 언덕 위에 구멍이 난 통나무가 있었다. 이 나무의 밑둥에 3일 동안 앉아 있었다. 형이 말했다.

"그들은 우리를 보지 못했어. 모닥불을 피우자."

모닥불을 피우자 연기가 올라갔다. 그 천막집들에서 연기를 보고 세 사람이 나뭇가지를 타고 왔다. 그들이 배를 타고 다가오자 형제들은 모닥불을 끄고 산속에 숨었다. 온 사람들이 말했다.

"여기 어디서 연기가 났지? 여기 어딘가에 우리 형, 샤먼이 다녔어. 우리는 그가 온 것이라고 생각했는데. 그의 천막집이 보이지 않아. 그는 산속 어딘가를 다니고 있나 봐. 그건 뭐였지? 뭔가 다른 것이었나 봐. 집으로 돌아가자."

그들은 돌아갔다. 그들은 기슭에서 멀리 노 저어 갔다. 라쿠나 아들 중 형이 동생에게 말했다.

"너는 언젠가 나에게 말했지. 겨냥을 할 때는 절대 목표물을 놓쳐서는 안 된다고 말이야. 해 봐. 그들이 여기서 돌아가지 못하도록 화살로 머리를 곧장 날려 버려."

동생은 웃었다.

"그러지. 만약 믿지 못한다면 봐 봐."

이 말을 한 후 그는 화살을 세 대 쏘아서 세 사람의 어깨

사이에 이 화살들을 맞혔다. 그들은 거꾸러졌고 바닥에 죽은 채로 떨어졌다.

이후에 형제들은 여기서 3일 더 살았다. 세 번째 날에 그들은 어딘가에서 퉁구스어로 부르는 노랫소리를 들었다. 그들이 보니 그들 뒤에 고삐가 보였다. 앞 순록에는 한 남자가 타고 있었다. 벌거벗은 채로 순록에 타고 있었다. 그의 뒤통수에는 두툼하게 땋은 긴 머리가 있었다. 그는 앉아서 자기 식대로 노래를 불렀다. 그가 다가오자 그들은 다시 숨었다.

그는 언덕에 가서 순록을 풀어 주고 아내와 함께 천막집을 짓기 시작했다. 아내가 천막집을 만들 때 그는 그 나무로 다가왔다. 아이들을 지나 곧장 건너갔다. 이 나무로 기어 올라가 다시 숨고 손과 발로 나무를 잡아 프로펠러처럼 돌리기 시작했다. 음식이 끓을 때 아내는 그에게 소리쳤다.

"끝내, 식사해야 해."

그는 나무에서 내려왔다. 그에게 고기가 가득했다. 그가 사냥꾼이라는 사실은 알려져 있다. 그들은 다 먹고 자려고 누워 코를 골기 시작했다.

라쿠나 아들 중 장남은 동생에게 말했다.

"그래, 이 사람이 사람들이 올 거라고 말한 최고 샤먼인가 봐. 우리는 사람들을 죽였어. 어쨌든 우리가 사람들을 죽였다는 것을 알게 될 거야. 이 사람도 죽이자." 그렇게 자리를 떴다.

그들은 천막집 주변을 걸어 다녔다. 잠자리에 든 샤먼은 자신의 땋은 머리를 위쪽 덮개 아래에 던져 두었다. 땋은 머리의 반이 밖으로 튀어나와 있을 정도로 길었다. 라쿠나의 장남은 동생에게 말했다.

"땋은 머리를 잡고 그의 머리를 밖으로 곧장 잡아당겨. 그러면 그때 내가 창으로 머리를 자를 테니까."

동생은 땋은 머리를 잡고 샤먼을 허리까지 밖으로 당겼다. 형은 머리를 잘랐다. 잘린 머리는 도로 천막집으로 튀어 들어갔고 문을 통과해서 다시 밖으로 나왔다. 목구멍을 통해 시체가 말하기 시작했다.

"왜 내가 너희를 알아채지 못했지? 내가 라쿠나의 아들들을 잃어버렸다는 것을 대화로 알고 있었는데. 왜 내가 너희를 알아보지 못했지? 난 저 멀리서 사소한 것까지 알아챘는데."

그리고 머리는 몸통과 연결되려고 했다. 라쿠나의 작은 아들은 머리를 잡고 그것을 놓아주지 않았다. 라쿠나의 장남이 몸통을 자르자 몸통은 다시 연결되었다. 형은 동생에게 말했다.

"그것을 놓지 말자. 천막집으로 들어가. 그의 아내에게는 그녀가 앉는 침대보가 있어. 그 침대보 조각을 잘라 나에게 던져."

형은 침대보 조각을 잡고 몸통의 잘라진 부분들이 연결되지 않았을 때 침대보 조각을 잘라진 부분에 던졌다. 이렇게 해서 그 사람은 죽었다.

샤먼을 죽이고 라쿠나의 장남은 천막집으로 갔다. 천막집에 들어가니 샤먼의 아내는 아직 자고 있었다. 그는 곧장 겨드랑이에서 배까지 잘랐다.

그들은 사람들을 죽이고 다시 어딘가로 갔다. 그들이 떠나고 7일 후 그 천막집에서 섬으로 또 세 사람이 나뭇가지를 타고 와서 죽어 있는 사람들을 발견했다. 이 세 사람은 나이 든 한 사람과 그의 아들인 젊은이 둘이었다. 양초 심지처럼 마른 한 사람의 이름은 뎁탈리쿠이고, 다리가 긴 사람은 호두쿤다모투이다.

그들은 죽어 있는 사람을 발견하고 울음을 터뜨렸다. 호두쿤다모투는 말했다.

"너희들은 우리가 위대한 샤먼이고 심지어 우리는 저 멀리 신들을 본다고 말했다. 라쿠나의 아들들이 신이야? 왜 그들을 보지 못했지? 어떻게 해야 하지? 그들을 가벼운 천막집처럼 쫓아야 해."

노인이 말했다.

"우리 딸을 데리고 와서 같이 가자."

이 청년들은 자신의 누이를 섬에서 데리고 와서 모두 네 사람이 라쿠나 아들들을 뒤쫓았다. 이미 겨울이 되었다.

그들은 눈 속 어딘가에서 두 사람의 발자국을 발견했다. 라쿠나의 아들들은 나무를 보고서 그것을 돌아가지 않고 뛰어넘어 완전히 직선 방향으로 길을 잡았다. 늙은 샤먼의 두 아들도 나무들을 뛰어넘으려 했지만 할 수 없었다.

걸어가다가 순록 우리를 발견했다. 그 우리 뒤에는 열 채가량 되는 천막집이 보였다. 날이 밝자 그들은 어두워질 때까지 구부린 채로 우리에 앉아 있었다. 어두워지자 그들은 하얀 순록 모피 옷을 걸치고 천막집으로 기어서 갔다.

그들은 천막집으로 가까이 갔다. 소고 두드리는 소리가 들렸다. 천막집에서 그들 쪽으로 호수가 있었다. 이 호수에 물을 길으러 한 여자가 왔다. 뎁탈리쿠가 기어서 그녀에게 갔다. 그녀가 물을 퍼 올려 염소에 실었을 때 그는 입을 막고 그녀를 잡았다. 그는 말했다.

"나를 알아보겠어?"

그는 이 사람이 그의 누나라는 것을 알아보았다. 아버지가 어느 샤먼에게 그의 누나를 주었다. 그는 그녀에게 말했다.

"너니?"

"그래, 나야."

"너희는 굿을 하고 있는 거야?"

"그래, 굿을 하고 있어."

"왜 굿을 하고 있어?"

"라쿠나의 아들들이 왔어. 그들은 그들의 발자국을 보겠다고 요청했어. 아마도 누군가가 그들 뒤를 쫓고 있나 봐."

"샤먼은 무엇을 보았어?"

"몰라. 그는 아무것도 보지 못한 것 같아."

"그들은 어디서 묵고 있어?"

"몰라. 그들은 여기저기 옮겨 다녀. 더구나 같이 다니지도 않아."

"만약 밤에 뭔가를 알아채면 그때 피해. 이제 천막집으로 돌아가, 아무 말도 하지 마."

그는 그녀를 놓아주고 아버지와 형에게로 와서 모든 것을 말했다. 그들은 누워서 굿이 끝나 잠자리에 들기를 기다렸다.

천막집에서는 굿이 끝나고 조용해졌다. 아마도 잠자리에 든 것 같았다. 노인이 말했다.

"셋이서 흩어져. 하나는 한쪽 끝에서, 다른 하나는 다른 끝에서 그리고 난 샤먼을 찾아갈게. 그들이 누워서 잠들면 그들의 목을 잘라."

그들은 갔다. 그들은 모든 천막집을 돌아다니며 모두 죽였다. 가장 중간의 천막집에 들어가서 거기서 셋이 만났다. 그들이 말했다.

"그들을 세 봐. 모르고 빠뜨린 사람이 있을 거야."

죽은 사람들을 셌는데 라쿠나 동생이 보이지 않았다. 라쿠나 형은 누워 있고 목이 잘려 나갔다. 그들의 누이는 죽지 않았다.

"라쿠나의 아들은 어디로 갔어? 흔적을 찾자."

우리 주변을 걸어갔지만 그의 흔적은 그 어디에도 없었다. 흔적을 찾을 수 없어서 돌아왔다. 그들은 이 천막집의 순록을 모두 가지고 떠났다.

하루가 지난 후 순록 우리의 구멍에서 라쿠나 동생이 나왔다. 그는 모든 사람들을 살펴보고 형의 시체를 발견하고 울었다.

"어떻게 그렇게 깊이 잠이 들었어? 형은 그들이 쫓아오는 것을 알고 있었잖아. 아버지가 우리 중 한 사람의 흔적을 잃어버렸다고 말했었지. 이게 형의 흔적을 잃어버렸다는 뜻이었군."

말을 끝내고 형의 시체에서 창을 빼서 순록의 고삐를 잡고 쫓았다. 그들은 오랫동안 머물지 않고 모두 유목을 떠났으며 동생은 텅 빈 천막집 자리를 발견했다. 그러나 마지막 천막집 자리에서 동생은 그들이 여기서 최근까지 머물렀다는 것을 알아챘다.

저녁에 동생은 그들을 쫓아갔다. 그들이 천막집을 지을 때 좁은 얼굴을 한 뎁탈리쿠가 커다란 나무 위로 기어 올라가 꼭대기에 앉아 있었다. 그는 거기서 소리쳤다.

"이봐, 너, 라쿠나의 아들아. 왜 숨어 있는 것이냐? 이리 와. 난 널 봤어."

라쿠나의 아들은 그에게 곧장 가지 않았다. 다른 쪽으로 가서 빈 땅 어딘가에 누워 잠을 잤다. 그들은 밤을 보내고 나서 일어나 다시 유목을 떠났고 저녁에 멈췄다. 뎁탈리쿠가 다시 나무에 기어 올라가 소리쳤다.

"라쿠나의 아들아, 이리 와. 난 널 봤어."

라쿠나의 아들은 이 말을 듣고 생각했다.

'왜 그는 나를 보았다고 자신의 흔적을 드러내면서 소리치지? 다른 쪽으로 다가가 봐야겠다.'

그는 다른 쪽으로 갔다. 구멍으로 기어 들어가 보니 뎁탈리쿠는 다른 쪽을 보고 있다. 라쿠나의 아들은 생각했다. '그는 나를 알아보지 못했어. 나를 보지 않고서 그냥 그렇게 말한 거야. 손을 흔들어도 나를 보지 못하잖아. 불러 봐, 불러 보라고. 너는 나를 보지 못했어.'

천막집이 연기를 내뿜을 때 뎁탈리쿠는 나무에서 기어 내려와 천막집으로 들어갔다. 그가 천막집으로 들어갔을 때

라쿠나의 아들은 몰래 천막집으로 가서 가축 무리 안으로 들어갔다. 가축 무리 안으로 들어가 소매를 흔들었다. 그러자 한 순록이 그에게로 다가왔다. 그는 순록의 뿔을 잡았다. 그리고 순록에 뛰어올라 곧장 등에 누워 손바닥으로만 목을 쓰다듬으며 순록을 움직였다. 그렇게 곧장 천막집으로 갔다. 순록이 천막집으로 다가갔고 그는 순록을 놓아주었다.

위쪽 덮개 아래, 문 맞은편에 구멍이 있었다. 한 눈으로 그곳을 들여다보았다. 호두쿤다모투는 이미 잠이 들었고 구멍 쪽으로 등을 대고 누워 있었다. 불 위에 고기가 구워지고 있었다. 뎁탈리쿠도 잠자리에 들었다. 옷을 벗은 노인은 모닥불 곁에 앉아 등을 지지고 있었다.

구멍을 통해서 라쿠나의 아들은 화살 두 대를 겨냥했다. 호두쿤다모투와 뎁탈리쿠를 겨냥했다. 화살을 쏘았다. 화살이 누워 있던 호두쿤다모투를 관통했다. 뎁탈리쿠는 벌떡 일어나 위쪽 덮개를 던지면서 천막집 밖으로 뛰어나갔다. 화살은 그를 지나쳤고 노인의 등을 관통했다.

동생은 뎁탈리쿠를 쫓아 뛰어가서 따라잡았다. 한밤중에 천막집에서 멀리 떨어진 곳에서 그의 발뒤꿈치 힘줄에 상처를 입히고 화살 하나로 그를 죽였다. 뎁탈리쿠도 죽었다.

라쿠나의 아들은 천막집으로 돌아왔다. 그들에 대해서

말한 여자에게 다가갔다.

"왜 너는 그때 우리에게 암시해 주지 않았지? 난 널 죽이겠어."

그는 그녀를 죽였다. 그는 샤먼의 딸을 데리고 어딘가로 유목을 떠났다. 그는 모든 순록을 가졌다.

그렇게 그는 유목을 떠났고 자신의 누이의 남편을 발견했다. 그는 그들에게 이 이야기를 들려주었다. 이것이 끝이다. 라쿠나도 퉁구스인이라고 한다.

여자 식인괴물 시게 이야기

이야기는 이렇게 된 것이다. 옛날 옛적에 여자 식인괴물 시게가 살았다. 시게는 툰드라 가운데에 있는 자신의 천막집에 살면서 식인들에게서 대체로 받아 온 인간들을 먹었다. 시게는 아침부터 밤까지 툰드라를 뛰어다니며 먹을 사람을 찾았다. 저주받은 시게는 걸리는 모든 것을 먹었다. 입을 벌려서 얌 하고 말이다. 그녀는 인간이면서 인간이 아니었다.

식인괴물 시게는 완전한 인간이 아니라 반쪽 인간이었고 사람처럼 뛰어다닐 수 있었다. 그러므로 시게는 한 발로 뛰고 한 손으로 잡고 한 눈으로 보고 한쪽 콧구멍으로 숨을 쉬었다. 시게는 태양을 바로 보지 못하고 반만 본다고 했다. 그러나 난 그렇다 아니다 말하지 않겠어.

바로 그때 친구 다섯, 붙어 다니는 다섯 용사들이 모여서 식인괴물에게 교훈을 줘야겠다고 생각했다. 그들 중 첫째의 이름은 그 위에 놓고 뼈를 부순다고 카멘[16](각각의 천막집 근처에 편편한 돌이 있고 그 위에 크고 가장 맛있는 뼈를 놓고 알맞게 쪼갠다.), 둘째가 폴로빈카 이골키[17], 셋째가 리

---

16) '돌'이란 의미다.

비 푸지리[18], 넷째가 지르노예 퍄트노[19], 다섯째가 잠을 방해하는 스크리프[20]다.

하루 종일 친구들이 생각했다. 그런 다음 밤이 왔다. 하늘의 여동생인 달과 별들이 나왔다. 마침내 뼈를 부수는 카멘이 말했다.

"자, 탐욕스럽고 피를 갈구하는 시계에게 따끔한 가르침을 줘야 해. 시계는 모든 것을 먹어 치우잖아. 아무도 남지 않을 거야."

"그래야 해." 친구들은 동의했다.

"그렇다면 전진." 뼈를 부수는 카멘이 말했다.

그는 용사인 친구들 가운데 단단함이란 강점을 지닌 것으로 인정받았다.

"기다려…. 우리가 시계에게 왜 가르침을 줘야 해?" 잠을 방해하는 스크리프가 삐삐거렸다.

"뭐야." 카멘이 말했다. "내가 전부 생각해 뒀어. 그러니까 스크리프야, 넌 식인괴물의 침대 밑으로 기어 들어가서

---

17) '바늘의 반'이란 의미다.

18) '물고기 부레'란 의미다.

19) '기름 얼룩'이란 의미다.

20) '삐걱대는 소리'란 의미다.

삑삑 소리를 내는 거야. 그러면 시계가 잠이 깨서 너를 어둠 속에서 사방으로 찾아다닐 거야. 시계가 천막집을 손으로 샅샅이 더듬으며 말하겠지. '불을 켜서 너를 찾을 거야.' 시계는 반드시 그렇게 말할 거야. 왜냐하면 너는 시계의 잠을 방해할 거니까. 시계가 어둠 속에서 불을 붙이기 위해 아궁이로 기어가면 너, 리비 푸지리야, 아궁이 속 재 밑에 앉아 기다려. 불이 붙으면 넌 터져서 식인괴물의 눈을 못 뜨게 하는 거야. 시계는 물을 찾으려고 하겠지. 폴로빈카 이골키야, 넌 양동이 속에 들어가 있어. 시계가 눈을 씻고 물을 마시려 할 거야. 그때 넌 경계를 늦추면 안 돼. 시계가 양동이로 몸을 숙이면 아래로 굴러가서 시계의 목구멍으로 기어 들어가. 시계가 기침을 하고 천막집 안을 뛰어다니며 온갖 물건에 걸려 넘어질 거야. 그리고 시계는 넘어지지 않기 위해 밖으로 나가려고 할 거야. 그때 지르노예 퍄트노야, 넌 입구에서 기다려. 시계는 너를 밟고 미끄러져서 넘어지겠지. 넘어지면 천막집의 덮개를 잡을 거야. 그럼 난 위에 앉아 있다가 가만히 있지 못하고 시계 위에 떨어지는 거야. 시계의 이마를 세게 때리는 거지. 어때?"

붙어 다니는 다섯 용사 친구들은 자기 자리를 잡으려고 움직였다.

폴로빈카 이골키는 카멘을 위에 앉히고 카멘은 바람 때

문에 천막집 덮개를 누르는 체했다. 리비 푸지리는 아궁이에 숨어서 재 속에 파고들어 갔다. 폴로빈카 이골키는 양동이 속에 숨었다. 잠을 방해하는 스크리프는 식인괴물의 침대 밑에 숨었고 살면서 이렇게까지 삑삑 소리를 내 본 적이 없을 정도로 삑삑 소리를 내기 시작했다. 그는 열심히 했다.

식인괴물은 자신의 유일한 눈을 뜨고 노래를 불렀다(식인괴물들은 인간처럼 말을 할 줄 모른다. 그들은 노래만 부르고 웃을 줄만 안다).

"바람이 심하게 부는군. 삑삑거리는 소리가 잠을 방해해. 찾아야겠어. 하, 하, 하."

시계는 아궁이로 기어 들어가서 자신의 유일한 뺨 속에 바람을 넣어서 석탄에 바람을 불려고 했다. 불이 붙자 이때 리비 푸지리가 터져서 그녀의 눈에 재를 뿌렸다.

"눈을 씻고 물을 마셔야겠어, 하, 하, 하." 식인괴물이 노래를 불렀다(식인괴물들은 그런 경우에 노래를 불렀다).

시게는 천막집을 기어 다니고 반쪽 코로 냄새를 맡고 한 손으로 더듬어서 양동이를 찾았다.

양동이를 발견하고 마시려고 했다. 폴로빈카 이골키는 바보가 아니어서 양동이의 벽을 타고 기어 다녔고 말한 대로 식인괴물의 목구멍으로 획 움직였다.

식인괴물은 양동이를 엎지르고 기침을 하며 천막을 뛰어

다니고 온갖 물건 위에 넘어졌다.

"목구멍에 뭔가가 들어갔어. 밖으로 나가야겠어. 하, 하, 하." 식인괴물은 노래를 불렀다.

천막의 구멍을 열자 시계를 오래 기다렸던 지르노예 파트노가 밝혔다.

탐욕스럽고 피를 탐하는 대식가이며 무서운 식인괴물이 넘어졌고 넘어지면서 천막집의 덮개를 잡았다. 천막집 전체가 흔들거렸다. 카멘은 위에서 굴러 식인괴물의 이마를 쳤다. 세게 쳤다. 약속한 대로였다.

"죽는구나. 시계가 죽어. 하, 하, 하."

그리고 바로 아궁이로 들어갔고 천막집은 엎어졌다.

불이 타올랐고 쉭쉭 소리를 냈고 공중에 검은 연기가 피어올랐다. 소리를 내는 불꽃들이 별밤 하늘로 날아갔고 꺼졌지만 계속해서 소리를 내고 있었다. 그때 친구들은 검은 연기가 살아서 날개를 달고 있고 길고 뾰족한 코를 가지고 있다는 것을 알았다. 그렇게 여름인 툰드라 위에 검은 연기처럼 걸려 있는 모기들이 나타났고 걸리는 누구든 찔러 댔다.

다섯 친구, 붙어 다니는 다섯 용사 친구들은 사악한 식인괴물 시계에 승리한 자축연을 열었다. 그들은 먹고 마시고 노래를 부르고 춤을 췄다.

그때 잠을 방해하는 스크리프가 삑삑 소리를 냈다.

"내가 시계를 이겼어. 내가 시계를 깨웠잖아. 시계를 깨우는 일은 힘든 일이었어. 깊이 잠들었거든."

"삑삑거리지 마, 조용히 해." 리비 푸지리가 쉿 소리를 냈다. "내가 시계의 눈을 가렸잖아. 내가."

"리비 푸지리, 아주 터무니없구나. 내가 시계 목구멍으로 들어갔잖아." 폴로빈카 이골키가 말했다. "그러니까, 내가 일등공신이지."

"아냐, 나야." 지르노예 퍄트노가 소리쳤다.

"그때 누가 시계 이마를 쳤지?" 카멘이 물었다. "너희가 했어?"

친구들은 다투고 욕하기 시작했으며 주먹다짐까지 갈 뻔했다.

나는 얼마 전에 다섯 친구들, 붙어 다니는 다섯 용사 친구들이 살고 있는 천막집을 지나갔는데 그들이 욕하는 소리를 들었다. 아마도 지금까지 다투고 있을 것이다. 그러나 난 욕을 한 건지 아닌지 정확하게 말하지 않을 거야.

지금도 여름에 툰드라 위에는 검은 연기처럼 사악한 모기들이 날아다닌다.

겁쟁이 순록

순록이 살았다. 그는 소심했다. 무서움이 많았던 것이다. '순록이 왜 무서움을 타는 거지?'라고 궁금할 것이다. 그는 빛도 어둠도, 개구리도 나그네쥐도, 나무도 숲도, 심지어 늑대도 무서워했다. 늑대들은 전혀 두려워할 필요가 없는데도 말이다. 그때 땅은 생긴 지 얼마 안 되고 땅 위에 모든 것은 새로 생겼으며 동물들도 흰올빼미(흰올빼미에 대해 잊지 말아라)를 제외하고 새로 태어났다. 그 누구도 그 누구를 두려워하지 않았다. 늑대들은 유쾌한 친구들이었고 그들은 순록들과 정말 친하게 지냈다. 그들은 함께 툰드라를 산책했고 함께 풀을 먹었으며(늑대들은 아직 그들이 무엇을 먹어야 하는지 몰랐다. 그들 모두는 새로 생겨났기 때문이다) 함께 울부짖었고 말하자면 달을 보며 노래를 불렀다. 소심한 순록만 그들을 두려워했다.

그러니까 그는 도망갔다. 궁금하지? "순록은 어디로 도망가는 거예요? 누구로부터 도망가는 거예요?" 목적도 대상도 없었다. 그저 눈길 닿는 곳으로 달려갈 뿐이었다. 공포 때문에.

순록은 낮에 달렸다. 낮에도 무서웠다. 밤이 와도 순록은 계속 달렸다. 순록은 어두운 관목 숲 여기저기서 누군가가 그를 노란 눈으로 보고 있는 것 같았다. 모든 관목 숲에서 큰 눈을 굴리면서 말이다.

그러나 누구를 피해 어디로 가는지도 모르면서 얼마나 달릴 수 있겠어? 결국 순록은 넘어지고 힘이 다했지.

순록이 그렇게 나무 아래에 누워서 떨고 있는데 갑자기 위쪽, 어딘가에서 목소리가 들렸다.

"이봐, 왜 떨고 있는 거니?"

순록이 머리를 들고(순록은 이미 달릴 수가 없었어) 위에 있는 흰올빼미를 보았다. 가장 노란 눈, 둥근 눈, 둥근 머리의 올빼미를, 검은 부리와 털이 많은 발, 찢어진 장갑으로 만든 것처럼 검은 발톱이 기어 나와 있는 발을 가진 그 올빼미를 말이야. 메추라기들도 매우 두려워하는 바로 그 올빼미를 말이야. 정말 그랬어. 새로 탄생한 땅 위에서 가장 먼저 풀을 뜯었고 달을 보면서 노래를 부르려고 하지 않았지만 메추라기를 먹으려고 했던 바로 그 올빼미를 말이야. 올빼미가 왜 원했는지 난 말하지 않을 거야. 노인들도 이건 몰라.

소심한 순록은 공포로 오랫동안 이빨을 딱딱 부딪치다 마침내 말했다.

"너는 좋겠다. 나무 위에서 살잖아. 내가 나무 위에서 살면 용감해질 텐데."

"그럼 나무 위에서 살아." 올빼미가 말했다.

"나도 그러면 좋겠지만 나무를 탈 줄 몰라. 나는 너처럼 날개도 없고, 오소리 아줌마처럼 발톱도 없어."

"안됐구나. 내가 너를 나무 위로 올려 줄게." 올빼미가 말하고 땅으로 날아서 내려갔다. "타 봐."

순록은 뒷발로 서서 발굽을 나무에 댔다. 이제 뭘 하지? 발굽은 미끄러졌다. 순록은 올빼미를 돌아보며 한숨을 쉬었다.

"안 돼."

"발굽을 벗어야 해." 올빼미가 조언했다.

순록은 앞발로 땅에 내려와서 발굽을 벗고 양말만 신고 있었다.

"왜 서 있어?" 올빼미가 물었다. "그걸 관목 숲에 걸어, 말리게."

"맞아." 순록이 동의하고 발굽을 관목 위에 걸었다.

이제 그의 다리는 나무에 미끄러지지 않았다. 올빼미는 그의 어깨로 순록을 아래에서 밀어 올렸고 순록은 위로 기어 올라갔다. 가장 꼭대기로 기어 올라갔다. 거기에서 큰 가지 위에 드러누워 양말 신은 발을 아래에 두고 자기 전에 조금 수다를 떨다가 잠이 들었다. 매우 피곤했다.

올빼미도 순록을 밀어 올리느라(순록은 무거웠다) 피곤

해서 잠이 들었다.

갑자기 늑대 중 가장 나이 든 아빠 늑대가 메추라기 뼈를 보았다. 뼈가 많았다.

"메추라기 뼈로군." 그는 멈춰 서서 말했다. "왜 뼈를 쓸데없이 버리지? 먹는 게 더 나은데."

늑대는 나머지 늑대들에게 모범을 보이면서 뼈를 먹기 시작했다. 모두 그의 본을 따랐다. 왜냐하면 대체로 연장자의 말을 들어야 하기 때문이었다. 뼈는 매번 밤을 지내는 나무에 있었다. 누가 그런 것인지 알겠지? 그래 바로 그거지.

이때 소심한 순록은 오소리 아줌마에게 발톱이 달린 슬리퍼를 선물받고 올빼미에게 여분의 날개를 선물받은 듯한 착각 속에서 잠이 깼다.

늑대들, 유쾌한 아이들은 뼈가 있는지 없는지 보았던 나무에 다가가 자려고 누웠다. 잠이 들었다.

그들이 이미 잠이 든 그때 소심한 순록은 마치 그가 하늘을 날고 얼굴을 들고서 땅에서 그를 보고 있는 동물들에게 두려움 없이 얼굴을 찌푸리는 듯한 착각 속에서 잠에서 깼다.

"그 누구도 무섭지 않아." 순록은 잠결에 소리치고 벌떡 일어나더니 발을 획 움직였다. "그 누구도."

그리고 큰 가지를 부러뜨리고 아래로 떨어졌다. 순록은

잠이 덜 깬 채 자기가 아직도 계속 날고 있다고 생각하고 무서워하지 않고 소리쳤다.

"아무도 무섭지 않아."

그리고 다시 무서워하지 않고 얼굴을 찌푸렸다. 순록은 나무 아래에서 평화롭게 코를 골고 있는 늑대에게로 곧장 떨어졌다. 불쌍한 늑대는 고통과 공포에 울부짖다가 죽었다.

순록은 다리를 뭔가가 찔러서(사실 그는 양말만 신고 있었다) 잠이 깨 눈이 닿는 대로 자신의 발굽을 잊고서 달렸다. 너무 놀랐다.

늑대들, 유쾌한 아이들은 정신을 차리고 눈을 비비며 올빼미를 보았다. 아빠 늑대는 물었다.

"누구도 두렵지 않다는 동물이 누구야?"

"순록." 올빼미가 대답했다.

"순록이 왜 절뚝거렸어?"

"아마 뼈에 다리를 찔렸나 봐. 순록은 양말만 신었거든."

"아, 양말만 신었구나." 아빠 늑대가 으르렁거리며 이빨을 갈았다. "우리가 찾아서 본때를 보여 주자."

순록의 뒤를 쫓아 달렸다.

그때부터 늑대와 순록의 우정은 금이 갔다. 바로 이것이 지금까지 늑대들이 목동처럼 야생 순록의 무리를 쫓아 다리를 저는 순록을 찾게 된 이유다. 만약 소심한 짐승이 그렇게 소심하지 않고 공포 때문에 나무에 올라가지 않았다면 늑대들과 순록은 지금까지 함께 풀을 뜯어 먹고 달을 보면서 노래를 불렀을 것이다.

태양의 딸

나이 든 사람들이 할아버지들로부터 들었고 그들의 할아버지들이 할아버지들에게 느가나산인들이 해가 없던 시기에 얼마나 힘들게 살았는지를 이야기해 주었다. 사람들도 힘들고 순록들도 힘들고 생명들이 모두 힘들었다.

사람들이 슬퍼하고 자신의 운명을 속상해했다. 아주 나이 든 순록 사육사가 말했다.

"매일 태양이 하늘에서 굴러가지만 우리 옆을 지나가는 것뿐이야. 내가 들어 보니 태양에게는 교활하고 까다로운 딸이 있다고 해. 만약 용감하고 대담한 사냥꾼이 있어서 태양의 딸에게 청혼해 자신의 천막집에 데리고 온다면 태양은 딸을 보기 위해 우리 지역으로 와서 빛을 비춰 줄 것이고 우리를 따뜻하게 만들어 줄 거야."

이 말을 젊은 사냥꾼이 듣고 순록을 썰매에 매고 태양의 딸에게 청혼하러 갔다.

계속 타고 가다가 언덕 위에 사람이 앉아 있는데 머리가 열려 있는 것을 보았다.

"누구세요? 모자도 없이 앉아 있으면 춥지 않으세요?"

"난 다 보는 자, 다 듣는 자요. 당신이 태양의 딸을 아내로 삼기 위해 가는 것을 알고 있지."

"맞아요."

"잘됐군. 나를 데리고 가시오, 당신에게 도움이 될 거요."

"썰매에 타세요."

둘이서 타고 가다가 언덕 위에 사람이 앉아 있는데 손에 활과 화살을 들고 있는 것을 보았다.

"누구세요?" 그들이 물었다.

"난 명사수요."

"좋아요. 우리는 까다로운 태양의 딸을 데리러 가고 있습니다. 우리와 동행하시죠."

셋이서 타고 갔다. 계속 가다가 평원 끝에서 사람을 보았다. 한 발이 가죽 띠로 손에 꽉 묶여 있어 그는 다른 발로 뛰었다.

"누구세요? 왜 한 발로 뛰세요?"

"난 목동인데 순록을 쫓아 달리고 무리 옆을 뛰어갔다가 다시 돌아오고 다시 뛰어갈 정도로 재빠르죠. 빨리 달리는 것을 하지 않기 위해 한 발을 묶어 두어야 하죠."

"우리에게 필요한 사람이군요. 우리와 함께 태양의 딸을 얻으러 갑시다."

네 사람이 되었다. 정상에 눈이 쌓인 산 두 개에 다다랐다. 산 사이에 사람이 앉아 있는데 그의 코 위에 눈이 있었다. 그들이 물었다.

"누구세요? 왜 당신 코 위에 눈이 있나요?"

"전 매우 강한 사람입니다. 저의 코끝으로 이 두 산을 마치 없었던 것처럼 만들 수 있죠."

"당신의 힘을 보여 주세요."

그 사람이 머리를 좌우로 돌려 산을 코로 건드리자 산은 산산이 흩어졌다.

"우리와 함께 태양의 딸을 데리러 갑시다."

다섯이서 가다가 막대기 끝과 닮은 정상이 있는 높은 바위를 보았다. 그 정상 위에 모자를 쓰지 않은 사람이 앉아 있었고 그의 머리에는 눈이 덮여 있었다. 그들이 소리쳤다.

"누구세요? 왜 당신 머리는 눈에 덮여 있나요?"

그 사람이 대답 대신에 머리를 흔들자 강한 눈보라가 일었다.

"그만하세요." 여행객들이 소리쳤다.

그 사람이 머리 흔드는 것을 그만두자 눈보라가 잠잠해졌다.

"이봐요, 우리는 태양의 딸을 데리러 가고 있습니다. 우리와 갑시다."

그 사람은 바위에서 내려와 썰매에 탔다.

계속 달리는데 눈 평원에 둥근 호수가 있었다. 기슭에는 입술을 앞으로 내밀고 있는 사람이 앉아 있었다.

"누구세요?" 그들이 물었다.

"저는 이 호수의 물을 다 마실 수 있고 물속에서 헤엄치는 두 마리의 물고기를 삼킬 수 있습니다."

"어떻게 하는지 보여 주세요."

그 사람은 입술을 내밀어 호수의 모든 물을 마시고 물속에서 헤엄치는 물고기 두 마리를 삼켰다.

여행객들이 놀라서 말했다.

"태양의 딸을 데리러 우리와 갑시다."

내민 입술의 사람은 썰매에 탔고 그들은 길을 계속 갔다. 곧 유리 집에 도착했다. 집 주위를 둘러보았다. 문은 잠겨 있었고 아무리 해도 들어갈 수 없었다.

"자 그럼, 모든 것을 보는 자와 모든 것을 듣는 자여, 집 안에 누가 있는지 알아보세요."

그 사람은 보고 듣고 말했다.

"저기에는 아가씨가 있어요."

명사수가 활을 당겨 화살 두 대를 차례로 쏘았다. 화살은 끝에 자물쇠의 파편을 달고 되돌아왔다. 문이 열렸고 그들은 모두 집으로 들어갔다. 집은 밝았고 온통 금과 유리로 만들어졌다. 거기에서 아가씨가 나타났다. 그녀가 물었다.

"어디서 오셨습니까?"

"우리는 태양의 딸을 데리러 왔습니다. 그녀가 어디에 있는지 가르쳐 주십시오."

"제가 태양의 딸을 알고 있습니다. 그녀를 찾는 것을 도와주겠습니다. 다만 우선 제가 음식을 준비해서 대접하겠습니다."

그녀는 나가 붉은 동으로 된 장작을 한 아름 가지고 왔다. 그녀는 다시 나가 철로 만든 장작을 한 아름 가지고 왔다. 아궁이에 불을 지피자 연기가 뭉게뭉게 피어오르고 불은 강하게 타올랐다. 아가씨는 마치 그녀가 없었던 것처럼 연기 속으로 사라졌다. 다만 저 멀리 어딘가에서 조소하는 목소리가 들렸다.

"하, 하, 하. 태양의 딸을 데리고 가겠다고."

그사이에 불은 옷이 탈 정도로 활활 타올랐다.

그때 내민 입술의 사람이 입에서 물을 내뿜어 불을 껐다. 문은 잠긴 듯했다. 어떻게 나가지? 명사수가 문에 한 번, 두 번 화살을 쏘았다. 화살이 망가졌고 자물쇠는 그대로였다. 그때 강한 사람이 자신의 코로 벽을 뚫었고 벽은 부서졌다. 모두들 집에서 나왔다.

"나는 태양의 딸의 목소리를 듣고 볼 수 있어요. 그녀는 우리를 비웃고 있어요."

모든 것을 보는 자이며 모든 것을 듣는 자가 말했다. 그때 머리 위에 눈을 얹고 다니는 사람이 머리를 흔들었고 강한 눈보라가 일어서 아가씨의 길을 막았다. 그러나 태양의 딸은 더운 입김으로 눈을 녹였고 계속 달려갔다.

그때 빨리 달리는 사람이 태양의 딸을 뒤쫓아 달려가자 그 순간 모습이 보이지 않게 되었다. 모든 것을 보는 자이며 모든 것을 듣는 자가 말했다.

"보니 빨리 달리는 자가 태양의 딸을 따라잡을 것 같아요. 그의 한 발은 손에 묶여 있잖아요."

명사수가 시위를 당겨서 화살을 쏘았고 화살이 빨리 달리는 자의 다리에 연결된 가죽 띠를 잘랐다. 모든 것을 보는 자가 말했다.

"우리의 빨리 달리는 자가 도망가는 아가씨를 따라잡을 것 같아요. 아가씨는 호수를 건널 수 있지만 다른 배가 거기에 없어요."

사냥꾼인 청혼자는 즉시 자신의 순록에 안장을 얹고 내민 입술의 사람에게 말했다.

"빨리 가서 호수의 물을 다 마시세요. 그리고 빨리 달리는 자가 태양의 딸을 따라잡게 하세요."

내민 입술의 사람은 순록을 타고 서둘러 호수로 갔고 물을 다 마셨으며 빨리 달리는 자는 빠르게 따라가 태양의 딸을 잡았다. 셋 모두 돌아왔다. 용감하고 운이 좋은 사냥꾼인 청혼자는 순록을 썰매에 묶고 태양의 딸과 모두와 함께 돌아갔다. 내민 입술의 사람이 살았던 그 장소에 도착했다. 사냥꾼인 청혼자가 말했다.

"감사합니다. 저에게 도움을 주셨습니다. 물의 주인이 되십시오. 여기에 머물러 주세요. 사람들을 위해 물고기가 많아지게 해 주세요."

눈보라를 일으킬 수 있는 사람이 살았던 거기에 도착했을 때 사냥꾼인 청혼자가 말했다.

"여기에 머물러 주세요, 눈보라와 눈의 주인이 되세요."

그다음에 산 사이에 앉아 있던 사람이 있던 곳에 도착했다. 사냥꾼인 청혼자가 말했다.

"저에게 많은 도움을 주셨습니다. 산과 산짐승의 지배자가 되세요. 산짐승들을 사냥꾼들에게 보내 주세요."

그다음에 사냥꾼인 청혼자가 빨리 달리는 자에게 말했다.

"여기서 살면서 사람들을 위해 순록 무리가 많아지게 해 주세요."

명사수를 만났던 그 장소에 도착했을 때 사냥꾼인 청혼자가 말했다.

"도와주셔서 감사합니다. 여기에 남아서 사냥꾼들을 도와주세요. 사수들의 보호자가 되어 주세요."

모든 것을 보는 자이고 모든 것을 듣는 자에게 말했다.

"전에 살던 곳에 남아 주세요. 사냥꾼들이 잘 보고 잘 들을 수 있게 해 주세요. 저를 도와준 것처럼 사람들을 도와주세요."

사냥꾼인 청혼자는 태양의 딸을 고향으로 데리고 갔다. 태양은 매년 여름 사람들에게 빛과 온기를 보내면서 느가나산인들의 땅을 방문하게 되었다.

왜 늑대들은 더 이상 허풍을 떨지 않을까

늑대들은 조용한 짐승이다. 고요함을 좋아한다. 겨울에 때때로 울부짖고 옛 시대에 대한 노래를 불렀다. 아마도 늑대들은 언젠가 늑대들이 수다스러웠던 그 시절에 대해 회상할 것이다. 그들은 일반 개들과 다를 바 없이 그때 서로 말다툼을 하고 비난했다.

언젠가 한번 대규모 늑대 무리가 모여서 툰드라 전체를 흥분시킬 정도로 서로를 비난했다.

사람들은 만약 늑대들이 소란스럽다면 먹이를 나누는 것이라고 생각했다. 그러나 분배할 때 다른 짐승, 새들 수중에 뭔가가 떨어질 수도 있다. 북극여우들이 늑대의 다툼을 듣고는 달려왔다. 멀찌감치 앉아서 조용히 깽깽하고 울며 늑대들이 나누지 않는 것을 보려고 애썼다.

호기심 많은 갈매기들이 늑대 무리 위에서 원을 그렸다.

오리들도 날아와 무엇 때문에 고함 소리가 나는지 궁금해했다.

심지어 조심성 많은 메추라기들도 좀 더 가까이에서 늑대들에게 무슨 일이 생겼는지 보려고 다가갔다.

늑대들에게는 특별한 일이 일어나지 않았다. 그들은 서

로서로에 대고 누가 더 힘이 센지, 누가 더 빠른지 허풍을 떨고 있었다.

한 늑대가 자랑했다.

"툰드라 전체에서 나보다 더 빨리 달리는 동물은 없어. 난 재빨리 메추라기 두 마리를 쫓아가서 따라잡을 수 있어. 메추라기의 깃털만 날아갈 거야."

다른 늑대가 말했다.

"만약 내가 뛰면 날아가는 오리를 잡을 수 있어. 난 재빠르니까."

세 번째 늑대가 소리쳤다.

"내가 원하기만 하면 모든 순록의 뿔을 머리에서 떼어 내서 하늘까지 쌓을 수 있어."

그때 첫 번째 늑대 다리 밑으로 곧장 메추라기 두 마리가 튀어나왔다. 날갯짓을 하며 소리치고 짹짹거렸다.

늑대는 한 마리에게 달려들었지만 메추라기를 풀 속에서 놓쳤다. 다른 한 마리에 달려들었지만 그 메추라기는 이미 멀리 가 버렸다. 메추라기들은 어디 한번 찾아보란 듯 풀 속에 숨었다.

북극여우들은 깽깽거리며 웃었고 오리들은 꽥꽥 소리를 냈고 시끄러운 갈매기들은 늑대의 수치심에 소리쳤다. 허풍쟁이 늑대는 부끄러워서 꼬리를 말고 무리 가운데로 도망가서 숨었다.

두 번째 늑대의 머리 위에 오리 한 마리가 낮게 원을 그렸다.

늑대는 한 번 두 번, 세 번 뛰었고 땅에 넘어져 꼬리를 다쳤다.

다시 북극여우들은 깽깽거리며 웃었고 갈매기들이 소리쳤고 메추라기들이 짹짹거렸다.

수치심과 아픔으로 늑대는 코를 발 사이에 넣고 눈을 감았다.

갑자기 툰드라가 떨며 둔탁한 소리가 났다.

북극여우들은 사방으로 달렸고 오리들은 날아갔으며 메추라기들도 흩어졌다. 늑대 무리를 향해 곧장 야생 순록의 거대한 무리가 돌진했다. 바람이 그들의 뿔에서 회오리바람을 일으켰고 발굽 때문에 흙더미가 사방으로 날아갔다.

세 번째 허풍쟁이 늑대는 순록을 마주하며 달려갔지만 순록 떼는 늑대를 누르고 발로 쳐서 땅에 짓밟았다.

나머지 늑대들은 달리는 무리를 도중에 마주치지 않도록 멀리 달려갔다.

순록들은 이미 멀어졌고 늑대들은 서로서로 눈을 바라보며 부끄러워했다. 아무 일도 없었다는 듯이 몇 마디 했다. 툰드라 전체에 웃음거리가 되었다.

"이 얼마나 용감한 늑대들이야." 북극여우들이 깽깽거렸다. "그들보다 더 용감하고 그들보다 더 재빠른 동물은 없어. 늑대들은 달리고 뛰고 하잖아. 순록들의 뿔을 뽑고 말이야."

"그들은 날아가는 거위도 잡아." 오리들이 꽥꽥거렸다. "거위들이 깃털을 갈 때 거위들은 날 수도 걸어갈 수도 없어. 바로 그때 우리들의 늑대들이 잡는 거지."

"더 빨리 달리자." 메추라기들이 소리쳤다. "안 그러면 늑대들이 우리를 순록 대신에 잡을 거야."

갈매기들도 사방으로 날아가면서 허풍쟁이 늑대들에 대해서 이야기했다.

툰드라에서는 오랫동안 늑대의 허풍에 대해 비웃었다.

그때부터 늑대들은 말을 아끼고 말을 함부로 하지 않게 되었다.

만약 어린 늑대 새끼가 허풍을 떨려고 하면 나이 든 늑대들 가운데 누구든 곧 저지할 것이다.

"우선 행동하고 그다음에 자랑해라."

바로 이것이 지금 늑대들 가운데 허풍쟁이를 거의 만날 수 없는 이유다.

누구의 뿔이 더 클까

툰드라에 가 보지 않은 사람은 아마도 순록이 얌전하고 고분고분하며 유순하다고 생각할 것이다. 그러나 순록은 항상 머릿속으로 주인을 속이고 마음대로 행동하고 필요해서가 아니라 그가 원하는 대로 하려고 생각한다. 순록을 다루기 위해서는 숙련된 기술이 필요하고 순록에 대해 모든 것을 잘 알아야 한다.

순록은 빠르다. 만약 흩어지면 날아가는 거위보다 빨리 달릴 수 있다. 순록은 인내심이 많다. 하루 종일 달리고 꽃이끼를 뜯어 먹고 다시 오래오래 달린다. 순록은 강하다. 만약 늑대가 뿔에 걸리면 늑대는 오리처럼 위로 날아가서 떨어져 부서지게 된다. 순록은 교활하다. 나쁜 쇠파리가 순록에 앉아서 웅웅거리고 괴롭히면 순록은 빨리빨리 달리고 사방으로 뛰어다니며 돌 뒤에 숨을 것이다. 그러면 흩어진 쇠파리 무리들은 오랫동안 계속해서 날아다니다가 날아가 버린다.

만약 늑대들이 순록 무리와 만난다면 순록들은 원을 그리고 어서 다가와 봐, 하는 듯 뿔을 곤두세운다. 만약 늑대들이 혼자 있는 순록을 만난다면 그 순록은 가장 가까운 호수, 냇가까지 달려가서 목까지 물속으로 기어 들어갈 것이다. 늑대들은 물을 두려워하고 기슭을 따라 이빨을 갈면서 달린다. 도망가면 그때 순록은 나온다.

바로 이것이 우리 툰드라의 교활하고 강하며 빠르고 인내심 많은 순록인 것이다.

건강한 대부분의 순록의 뿔은 굵고 가지가 많다. 발굽은 돌처럼 강하다. 만약 늑대가 발굽에 한 대 맞으면 죽을 수도 있다. 순록이 아프거나 굶어서 약해지는 일이 있으면 그때 순록은 늑대의 먹이가 된다. 그러나 그런 일은 거의 일어나지 않는다.

늑대는 어떻게 할까? 순록을 어떻게 이길 수 있을까? 늑대들은 앉아서 생각했다. 모두 매우 맛있는 순록의 고기를 원했다. 뭘 해야 하지?

나이 든 늑대가 말했다.

"순록이 화나면 모든 것을 잊어버려. 심지어 늑대에 대해서도. 순록들이 자기들끼리 싸우게 해야 해. 그들이 서로서로 싸워서 지치도록 해야 해."

늑대들은 조언을 좋아했다.

"어떻게 해야 하죠?" 젊은 늑대들이 물었다.

"순록은 교활하고 빠르고 강하지만 속임수에 잘 넘어가." 나이 든 늑대가 말했다.

"그를 속여야 해. 어딘가 옆에 숨어, 그리고 내가 순록들에게 갈 거야. 내가 너희를 부르면 무리로 달려들어, 순록들은 아주 약해져 있을 거야."

늑대 무리는 사방에 숨었고 나이 든 늑대는 아주 병약한 척하며 순록들에게 기어갔다. 좀 더 가까이 다가가 신음 소리를 내고 죽는 소리를 냈다.

"오, 오, 죽겠어. 아이고, 얼마나 아픈지, 죽을 것 같아."

순록들은 처음에 경계해서 늑대 쪽으로 뿔을 세웠다. 그러나 빨리 안심을 했다. 보니 그들 앞에 완전히 혼자가 된 나이 들고 병약한 늑대가 제 발로 서 있지도 못했다.

"무슨 일이야?" 순록들이 물었다.

"너희 순록들 중 하나가 뿔로 나를 하늘로 던졌어." 늑대는 신음 소리를 냈다. "내가 하늘까지 날아가서 거기서 땅으로 떨어졌어…. 아, 아, 얼마나 강한 순록이었는지, 아이고, 그렇게 강한 순록이라니…. 아, 아, 그 순록의 뿔은 얼마나 컸는지…."

"그렇게 강한 순록이 누구야?" 순록들이 서로 물었다. "그렇게 크고 강한 뿔을 누가 가지고 있지? 늑대야, 그 순록을 우리에게 보여 줘. 우리 모두 여기 네 앞에 있잖아."

"아이고, 아이고, 그 순록은 가장 큰 뿔을 가졌어, 그 순록은 가장 강해." 늑대는 신음 소리를 내며 마치 단념했다는 듯이 눈을 감았다.

“내 뿔이 가장 커.” 순록 중 하나가 말했다.

“아니야, 내 것이야.” 다른 순록이 반박했다.

“이봐, 알고 있잖아, 뭐야, 내 거야, 뿔이야, 더 커, 제일이야.” 몇 마리의 순록이 즉시 소리쳤다.

그들은 다퉜고 서로에게 화를 내고 나이 든 늑대에 대해서는 잊었다. 대체로 세상의 모든 늑대에 대해서 잊고 있었다. 왜냐하면 그 순간 순록들은 화가 나 있어서 아무 생각이 없었다. 모든 순록들은 오직 하나만 생각했다. 누구의 뿔이 더 큰가, 누가 가장 강한가를 말이다.

말다툼하고 소리치고 씩씩거렸다. 힘겨루기 하기로 결정했다. 흩어져 달려가서 뿔을 서로 부딪치고 보았다. 누구의 다리가 더 많이 구부러지는지 말이다. 그건 그 순록이 더 약하다는 것을 의미한다.

이기는 순록은 다른 승자와 싸웠다.

이 쌍에서 더 약해 보이는 순록은 다른 짝을 찾아서 다시 부딪쳤다.

뿔끼리 쳤고 순록의 발굽 밑에서 흙이 튀었다. 신음과 울부짖음에 오리, 갈매기, 먼 호수들에 있는 거위 들도 놀랐다.

순록들은 이미 서 있지 못할 정도로 지쳤다. 대부분이 뿔로 걸지도 풀 수도 없을 정도로 힘이 없었다.

그때 나이 든 늑대가 뛰어들어서 울부짖었다.

늑대 무리가 약해진 순록 무리로 뛰어들었다.

늑대들의 배가 먹은 순록 고기로 채워졌을 때 늑대들은 풀 위에 누워 혀를 내밀고 발을 쫙 벌렸다.

"아, 아, 이제 보니…." 폭식해서 겨우 혀를 놀리면서 나이 든 늑대가 말했다. "아이고, 한 마리가 무리 전체를 다룰 수 있는 거야…. 아, 아, 가장 힘센 자가 말다툼할 때 가장 약하게 되는 거지…."

"이제 우리는 항상 순록들을 다투게 할 거야." 젊은 늑대들이 말했다. "이제 항상 순록 고기를 실컷 먹게 되겠군."

그러나 그때부터 야생 순록들은 서로서로 힘을 겨루고 싶으면 우선 늑대들이 근처에 없는지 확인했다.

해 설

느가나산인은 2010년 인구조사에 의하면 862명이 생존해 있는 것으로 집계되었다. 6년이 지난 현재 느가나산 인구는 아마도 줄어들었을 확률이 높다. 그만큼 소멸될 가능성이 높은 민족 중 하나다. 다른 소수민족들처럼 느가나산인도 자신의 언어를 소유하고 있을 정도로 뛰어나고 자존심이 강하며 혹독한 추위를 견뎌 온 만큼 강인한 민족이다. 그러나 러시아 제국에게 점령당하고 그 이후 구소련에 의해서 지배를 받으면서 느가나산인은 시베리아 소수민족의 목록에서도 사라질 위험이 가장 높은 민족 중 하나가 되었다.

느가나산은 네네츠, 에네츠와 함께 사모예드 그룹에 속하는 민족이다. 느가나산이란 명칭은 나나사(нанаса), 나나산(нанасан)에서 왔으며 '사람'을 뜻한다. 1930년대 소련의 언어학자들이 느가나산이라는 명칭을 사용하기 시작했다. 그렇지만 느가나산인이 자신을 부를 때는 냐아(няа), 냐(ня)라고 하며 이는 '친구, 동지'를 뜻한다. 느가나산인은 자신의 언어를 소유하고 있으며 느가나산어는 우랄어 사모예드 그룹에 속한다.

느가나산인이 거주하는 지역은 북시베리아 크라스노야르스크 지역의 타이미르 반도다. 이들은 대다수의 시베리아 민족들처럼 유목 생활을 하며 어업, 사냥, 순록 사육에 종사한다. 유목 생활을 주로 했지만 구소련 시대에 정착 생활로 생활 형태가 바뀌었다. 느가나산인은 유목 생활을 하면서 이야기와 노래로 지루함을 이겨 내며 삶의 지혜와 우주와 자연의 법칙, 신비로운 이야기를 전했다.

느가나산인은 만날 때 첫마디로 "실리 듀로미(Сылы дюромы)?"라고 하는데 이 말은 "뭐 소식 있어요?"라는 의미다. 그들은 아는 지인들에 대해서, 사냥에 대한 새로운 소식을 서로 이야기했다. '듀로미(дюромы)'는 '소식, 안보'라는 의미만 있는 것이 아니다. 아이들이 '실리 듀로미'라고 하면 손님들은 그들이 야생 순록, 용감한 사람들, 북극여우, 우정에 대한 옛이야기를 들려 달라는 의도에서 하는 말이라는 것을 안다.

느가나산인의 옛이야기를 간략하게 알아보자.

느가나산인의 '천지창조 신화'에서는 그들이 믿는 신과 땅, 인간, 순록의 탄생에 관한 이야기가 나온다. '신'을 의미하는 단어 느구오(нгуо)의 원래 의미는 '하늘'인데 후에 '신'이란 의미로 사용된 것으로 보인다. 이 이야기에서 모우 느구오(моу нгуо)는 '대지의 신'이다. 순록의 신은 '타 느구오

(Та нгуо)'다. 주인공으로 등장하는 됴이바 느구오(Дёйба нгуо) 또는 시루타 느구오(сырута нгуо)는 느가나산인이 가장 사랑하는 신 중의 하나로 긍정적인 신이며 문화 영웅, 느가나산인의 시조다. 이 신은 하얀 인간의 아들로 뿔을 단 순록 형상으로 그려진다.

'죽음의 호수'에서도 신화적 인물인 바루시(Баруси)가 나온다. 바루시는 초자연적인 존재로 저수지를 관장하며 선할 때도 있고 악할 때도 있으며 현명할 때도 있고 어리석을 때도 있는 다양한 성격의 정령이다. 느가나산인은 둔하고 어리석은 인간을 가리킬 때 "그는 바루시 같아"라고 한다. 바루시는 외눈, 외다리, 외팔을 지닌 형상으로 묘사된다. 이런 괴물 종류로는 '여자 식인괴물 시게 이야기'에 등장하는 시게가 있다. 시베리아에 퍼져 있는 민담에 여성이 식인괴물로 등장하는 경우가 많은데 이는 여성에 대한 공포를 형상화한 것으로 보인다.

느가나산 이야기에서 꾀 많고 속이기를 좋아하는 인물로 오옐로코(Оелоко)가 등장하는데 사실 느가나산에서 이 인물은 댜이쿠(Дяйку)다. 이들은 전형적인 트릭스터(트릭을 부리는 자)의 특징을 보인다. '오옐로코와 세 명의 러시아 상인'에서 오옐로코가 러시아 상인을 골탕 먹이는 이야기는 느가나산을 정복한 러시아 제국의 지배자들에 대한 분노의

표출을 상징한다. 민담이 하층민들의 한을 풀어내는 역할을 한 것으로 미루어 러시아 상인을 골탕 먹이는 오옐로코는 이야기 속에서 느가나산의 한을 대신하는 역할을 하는 것이다. 러시아 상인과 더불어 느가나산 이야기에서 나쁜 짓을 하는 인물로 샤먼이 등장한다. 성직자나 귀족, 상인들이 민담에서 서민들에게 당하는 내용은 흔히 볼 수 있다. 이들은 실생활에서 서민들을 착복하고 억압하는 인물로 나온다. 샤먼 역시 그들의 지위를 이용해 서민들을 착취하는 경우가 많았던 것으로 보인다.

이 이야기의 출처는 ≪느가나산의 민담과 전설(Сказки и предания Нганасанов)≫(나우카, 1976), ≪느가나산 전설과 민담(Легенды и сказки Нганасанов)≫(크라스노야르스크 지역 국립출판사, 1938), ≪겁쟁이 순록: 느가나산 민담(Трусливый олень: Нганасанские народные сказки)≫(어린이문학, 1982), ≪누구의 뿔이 더 클까: 느가나산 민담(У кого рога больше: Нганасанские народные сказки)≫(어린이, 1977)이다.

옮긴이에 대해

박미령은 현재 한국외국어대학교에서 '그림책' 관련 프로젝트를 수행하고 있으며 역서로는 공동으로 번역·출간한 ≪러시아 여성의 눈≫, ≪러시아 추리 작가 10인 단편선≫이 있다. 논문으로는 <지배 이데올로기와 영웅서사시 브일리나>, <Comparative Analysis of Korean Folktale *The wonderful Serpent Bridegroom and Russian The Feather of Finist the Falcon of the Type Cupid and Psyche*>, <소비에트 제국 이데올로기의 토착화를 위한 아동문학의 역할: 20~30년대 그림책과 포토몽타주를 중심으로> 등이 있다.

시베리아 설화집 전체 작품 목록

한국에 처음 소개되는 시베리아 설화다. 시베리아와 극동 제 민족의 설화를 연구하는 연구자들뿐만 아니라 평소에 시베리아의 신화, 전설, 민담에 관심을 가진 독자들에게 유용할 것이다. 총 43개 부족의 1017편 이야기다.

야쿠트인 이야기

곰과 여우
오리와 검독수리
누가 일출을 처음으로 보는가
수말과 황소
차아차하안 차아차하안
타알 타알 노파
리이바라
니이이 니이이 할멈
츕쵸요쿄욘 츕쵸요쿄욘
다섯 마리 암소를 가진 베이베리케옌 할멈
슬라브니 유데유이옌
자야치 흐보스트
테옐레이 할멈
늑대와 노인
영리한 개
오노고스토온 추오카안과 올로온 돌로온
가난한 농부
암소 세 마리와 아내 셋을 가진 노인 테예프 테예프
영리한 처녀
투툼 튜요케이
고대 용사와 전투에 대한 이야기

예벤키인 이야기

뻐꾸기
백조와 까마귀
멧닭과 백조
곰과 붕어
여우와 모캐
여우 훌랸
은혜 갚은 곰
토끼 자매
식테흐 신겔툰
개가 털옷을 입게 된 사연
자작나무에서 태어난 소녀
지하세계에 간 남자 1
지하세계에 간 남자 2
차르치칸
천상세계에 갔다 온 남자
토끼를 속인 할아버지
소년과 까마귀
백조에게 아들을 빼앗긴 아버지
똥에 빠져 죽은 할아버지 할머니
예벤키 남자와 뱀
치나나이
아카라모와 이불 형제
슬기로운 청년
두 형제
모험을 찾아 떠난 청년
비켈리디운
료하
움나
우차나이
헤누키찬
불화의 언덕
예벤키 사람들이 순록을 키우게 된 이유
세 형제 무사
어린 무사
우냔니와 코렌도
옙카찬
무춘노이와 뵤르콜툰 형제
식토불
나라불
누르고불
누르가울
초로
소두 소르돈초 솔다니
킬리디나칸
중간세계의 우무스닌댠
차갈라이 차쿨라이
무사 볼론투르
하니 후분과 호호르 보그도
온기닐
우리얀과 몰리나
오란
디긴
어느 노부부의 오만방자한 아들
난쟁이 무사
캅탄디르
만기 도롬고
유라키 사람들
식인 출루그디
난드리와 털보

이쵸그디로
식인 청년과 결혼한 아가씨
샤먼, 들꿩 그리고 식인
구리불과 식인 형제
네멜론

유카기르인 이야기

외로운 청년
개의 수호신들
땅의 주인
북극여우와 곰
토끼의 꼬리가 없어진 이유
셈테네이 노인
토끼
여우 이야기
야생 북극암사슴
솥단지 비슷한 썰매를 타고 다니는 사람들
라마도
옛사람들의 소녀
도르부
아낙네
도부레
구슬 턱수염 노인
욕심 사나운 노인
스라소니가 토끼를 잡아먹는 이유
하바타
마체칸
욕심 사나운 아낙네
'늙은이'라는 별명의 할아버지 나무
미끼 사슴을 데리고 하는 사냥
키르체아나
토로하
숙부-아버지의 아이
방탕한 여자
불구자
테베게이
얼음 구멍 속의 아낙네
로시야, 로시야, 긴, 긴, 긴
부르는 주문

돌간인 이야기

들꿩과 농어의 전쟁
노인과 토끼들
청년 황제와 농부의 딸
여자와 곰
백조로 변한 샤먼들
대지의 주인 영혼
대머리 청년
외눈박이 아가씨
온통 털로 덮인 사람들
작은 천막의 불꽃
리이피르다안
고아 형제
세 형제
흰올빼미
꾀 많은 여우
새와 동물의 전쟁
리이비라
농부 노인과 노파
세 청년
라아이쿠
젤레즈나야 샵카와 코스탸노이 포야스
행복한 날, 불행한 날
노인과 노파
천상에서 온 약혼자
다른 세계의 사람
마마 귀신

셀쿠프인 이야기

이테
개와 털가죽
인간이 생기게 된 유래
이차와 귀신
이차
켄가의 용사
마녀와 두 딸
바보 이반과 곱사등이 말 코넥 고르부노크
두 자매
몸통 없는 머리
태양의 왕
일곱 아이 이야기
푸치카 추리카
불의 주인
티시야
켄게르셀랴
바다 곶 노인의 아들들
찬케르
세 자매
들꿩과 쥐
눈 소녀
이반 왕자
영리한 소년
개구리

시베리아 타타르인 이야기

황금 새
의붓딸
지주와 일꾼
세 마리 비둘기
돈보다 값진 지식
질랸
귀머거리, 장님, 앉은뱅이
아버지의 세 가지 충고
세 자매
요술 반지
재봉사, 곰, 장난꾸러기
처녀와 물의 요정
주흐라 별
영리한 청년
귀신과 그의 딸에 관한 이야기
이르티시와 술레이만
아흐메트와 칸
카미르 바티르
얄 마미시
카라밈 바티르

여우와 늑대
탄 바티르

토팔라르인 이야기

달에 얽힌 이야기
일곱 처녀
세 마리 사슴
달사람
세 명의 용사
월식이 일어나는 이유
인간이 만들어진 유래
곰의 콩팥이 여러 짐승에게서 온 이유
사슴과 사향고양이
곰과 다람쥐
곰이 벌을 받게 된 이유
귀신의 관목 숲
세 형제
물의 주인
부모 없는 청년과 귀신들
콘조크 가문이 나타나게 된 이야기
용감한 사냥꾼과 독수리
여우 바위
타이멘 강에 얽힌 전설
곰의 호수
닭과 꿩
땅벌이 벙어리가 된 이야기
주걱뼈
회색 뼈
두 형제
날개 달린 소년
황금 가슴을 지닌 아기들
영리한 처녀
사악한 마법사
젖소 코를 가진 청년
인간의 아들과 개구리 딸
불멸의 인간들
부르한에 관한 전설
돌 목걸이
테르 오키시(꽃의 골짜기)
사람과 뱀
메르겐과 두 마리 뱀
아이굴
낙타와 토끼
꿩과 모기와 사슴
닭과 들꿩의 눈이 빨간 이유
개미와 나리새
구원의 불
소년과 이무기
사냥꾼이 귀신을 벌준 이야기
돌이 된 샤먼

케트인 이야기

곰 이야기
예틀의 며느리
발나
실레케
여우
우세시
반그셀
올기트
알바와 호샤담
강 상류에서 온 카이구시
단두큰 이야기
타닌가
쿄글 할머니
울게트
뉴냠
샤신쿠시 이야기
이다트 노인의 딸
카시케트와 예로호트 할아버지 이야기
빌게트

예네츠인 이야기

세 샤먼
일곱 아가씨
타이멘
노인
노파의 아들
별의 신화
디아
바루치의 모험
시오시쿠
두 형제
솔데이 카하

느가나산인 이야기

천지창조 신화
아밤 느가나산인이 등장하게 된 이유
갈매기
느가나산인 '3사젠 손'과 그의 아들
곰과 노인
모레데와 머리 없는 사람들
죽음의 호수
곰의 아들
오엘로코와 세 명의 러시아 상인
오엘로코와 암늑대 샤먼
노고레사의 아들
두 명의 사냥꾼과 샤먼
라쿠나의 아들들
여자 식인괴물 시게 이야기
겁쟁이 순록
태양의 딸
왜 늑대들은 더 이상 허풍을 떨지 않을까
누구의 뿔이 더 클까

네네츠인 이야기

새 총각
왜 부엉이는 햇빛을 보지 못하는가?
여우, 새 그리고 까마귀
곰이 꼬리를 잃게 된 사연
하류치
아기 순록과 생쥐
세 아들

월귤나무 열매
모캐 남편과 부인 마리야 공주
러시아 노인의 세 아들
한 꼬마 이야기
힘센 독수리가 네네츠인들에게 해를 돌려준 이야기
야브 말의 모험
야브 말이 거인을 이긴 이야기

에스키모인 이야기

대구와 고래의 논쟁
명예를 갈망하는 까마귀
작은 주민들
까마귀와 늑대
멧새 세 마리
까마귀와 부엉이
까마귀와 청설모
까마귀와 갈매기
물고기, 여우, 까마귀
까마귀 코시클리
까마귀와 여우
새끼 황소와 새끼 여우
교활한 여우
거짓말쟁이 여우
새끼 황소와 늑대
가마우지
큰사슴 아카나
쥐
해를 얻다
작은 딱정벌레 나그네
까마귀와 처녀
사람, 게, 까마귀
두 형제와 까마귀
까마귀가 결혼한 이야기
에멤쿠트
꾀돌이 쿠킬린
사람과 독수리
사냥꾼과 독수리
독수리 집의 소년
사람들은 전에 어떻게 살았는가
카나크와 독수리들
사냥꾼과 백곰
사슴 사육자와 늑대 가족
새끼 늑대
늑대와 물새
노인과 야생 사슴
노파가 동물들을 속인 이야기
다섯 아들
암곰이 훔친 아이
현명한 사슴 두 마리
사슴으로 변한 여자
잔나비와 티나기르긴
키크미라시크
누나그미트의 고래
우카마난
신기한 소고
심술궂은 노인과 쥐
까마귀 은피나
물범 나라에 놀러 갔던 사람
오형제 중 막둥이
바다의 주인
아메크
아이마나나운
바다에서 길을 잃은 사람
날아다니는 샤먼들
막둥이
불의 주인과 소년
다섯 형제와 여자
카약식비크
버림받은 청년
이수클리크
아하하나브라크
고아
두 아내를 가진 사람
우키바크의 질투쟁이와 그 아내
두 번째 아내
사라진 형제들
투명 인간

아이누인 이야기

쥐
세 남자
가자미와 망둥이
눈 남자
치시포
처녀와 악마
산노이페 여자
세 자매
세 남자 1
두 남자
'예쁜 얼굴'이라는 이름의 처녀
곰 축제
다섯 명의 아이누인
부엉이의 결혼
바다사자
달 사람
젊은 까마귀
물범의 섬
흑담비 사냥에서
서로가 닮은 사람들
어느 마을에서
화가 나서 싸웠다
두 자루의 칼

닙흐인 이야기

돌집
은혜 갚은 호랑이
우뭄즈 닙흐
세 형제
식인에게 잡혀갔던 아가씨
저승에 갔다 온 남자
백조 소녀
바다신의 손녀와 결혼한 청년
일곱 자매
용감한 무사와 네 여인
대머리 소년
악마를 이긴 청년
남매
용감한 아즈문

축치인 이야기

코랴크인 이야기

케레크인 이야기

우데게이인 이야기

나나이인 이야기

오로크인 이야기

알류토르인 이야기

오로치인 이야기

이텔멘인 이야기

네기달인 이야기

입찬
까마귀와 매
거북이
늑대로 변한 다섯 여자
인간 창조에 관한 이야기
세 태양
달과 소녀
곰을 낳은 여자
세한에서 있었던 이야기
호랑이와 남자
청년과 골뱅이 아내
탑칼 씨족과 힘구
힘구의 거처
날아가 버린 아이
고아와 개
지하세계 이야기
소그됴콘
개구리와 쥐
푸딘과 개구리
날다람쥐
친데케와 여우
네야브칸과 여우

예벤인 이야기

새와 쥐가 싸운 이야기
욕심 많은 멧닭
떠버리 메추리
바다표범
여우와 늑대
여우와 곰
교활한 담비
담비
여우 이야기
움체긴과 부윤댜
두 자매 이야기
촐레레
첸게 이야기
오모촌
곰
움체니와 우인댜
오로치인과 코랴크인의 옛 생활에 관한 이야기
여자 샘
데브리켄 코브리칸
쿠를레니
게으른 소년과 새
달에 반점이 생긴 이유
고아 소녀 이야기
틸켄과 돌단 형제
우메스네와 안차크
현명한 노인
멘레크
한 마리 개
은둔자
고아소녀
잠자는 사람들
귀신 사위
노인의 세 아들
이웃 남자
두 형제 이야기
아내들을 빼앗은 남자
부자와 가난한 사람
욕심 많은 노파
오인데와 하바이
땅이 만들어진 유래
모기와 구더기가 생긴 유래
키로로트 2051

울치인 이야기

켐테르게 용사
용사와 사악한 정령
가난한 노인과 부자 노인
처녀와 거인들
두 처녀
바투리
개구리와 쥐
개구리 아이
청년과 호랑이
소년과 사악한 여우 정령
거지가 왕이 된 이야기
발듀 성씨에 관한 이야기
첸투세
호심부 할아버지

부랴트인 이야기

갈단과 바이르 형제
꾀 많은 부담슈
두 자루
몰론토이 영감
슈렐데헨 아가씨
행운과 불행
구르발다이의 세 현자
후르 연주자
구지르칸
청년 티스헤 비스헤
가난뱅이 도르지
무 몬토
가자르 포올린, 제에델레이의 아들
물귀신 할멈
꾀 많은 청년이 칸이 된 이야기
바보천치
현명한 아내
메르겐 조릭토
장사와 꾀돌이
가난뱅이와 악마
일흔 개의 거짓말
현명한 며느리
부담슈
청년 슈트니크
내가 바로 후르마스타(성인)이다
꾀돌이 발단
붉은 손바닥
어리석은 부자
겨울과 여름
개가 친구 같은 주인을 찾은 이야기
머저리 늑대
뽐내기 잘하는 강아지
눈과 토끼

거만한 샤먼
농부와 사제
결혼이 너무도 하고 싶었던 샤먼
빈농이 부자와 소송한 이야기
아디차흐와 케초흐
'불행'
빈농이 부호의 집에서 악마를 쫓아낸 이야기
호기심 많은 아내
부자와 뱀
마법의 닭
빈농이 부자를 속인 이야기
시어머니와 며느리
크레센

뱁시인 이야기

소녀와 염소
곰과 마샤
지저분한 여자
곰과 여우
제멋대로인 아내
주인 부부와 이웃인 백정
성자 아폴론
물의 정령
의붓딸
착한 소녀 바르베이
남매
황금 소년
신부 나스텐카
청년은 새를 아내로 삼다.
황금 곱슬머리 나스타샤
미녀 아내
부자 형과 가난한 동생
어리석은 사람들 이야기
부정한 아내
반카와 염소
오빠가 여동생의 손을 자르다.
아내가 말했다
엄지 소년
도둑 반카
잠자는 아내
바보 사위
신은 오리페이에게 식사하러 왔다
아내는 남편을 어떻게 속였는가

칼미크인 이야기

착한 오브세
용감한 마잔
연꽃
마법의 돌
받지 못한 보상
변신하는 겔룽과 일꾼
현명한 며느리
고향 이야기
미해결 소송
칸의 왼쪽 눈
어리석은 노인
계절의 변화
현자와 겔룽
겔룽과 동자승
인색한 부자
노부부
수탉과 공작
유쾌한 참새
성질 나쁜 까마귀
만지크 자를리크와 그의 하인
72가지 기이한 일
체첸 칸과 그의 현명한 며느리
케자
노인 자신은 4분의 1, 턱수염은 4분의 3
용사 샤라다
아랄탄의 아들
두 형제
세 가지 기이한 이야기
팔천 살의 노인 남질 크라스늬 이야기
세 형제
사냥꾼 이예스티르
새와 동물의 말을 알아듣는 청년
왜 올빼미는 콧구멍이 없을까
용감한 사자
모기가 애처롭게 노래하는 이유
마상

알타이인 이야기

알립 마나슈
유스큐제크와 알틴 차치
사리 칸
큰 사슴의 울분 욕심 많은 들쥐
보리 낟알
회색 참새
멋진 다람쥐
무서운 손님
인색한 개구리
박쥐가 밤에만 나는 이유
공작새의 아내
사르탁 파이
오누이
'비단 붓' 토르코 차차크
행복한 리스투
황금 잔
중매쟁이 여우
백가지 지혜
암소와 별
곰 아저씨
녹색의 신 쿠르가미슈
한 마리 양
쿠얀
곰 아유
황금 새 알틴 쿠츠카슈
질 켈
해와 달이 인간을 구한 이야기
일곱 형제
용사 바부르간이 산이 된 이야기
텔레츠코예 호수에 관한 전설
텔레츠코예 호수가 '황금 호수'로 불리게 된 이야기
쥐와 낙타
미식가 사향고양이

짐승 마아니의 아이들
오래된 옛날이야기

텔렌기트인 이야기

비야 강과 카툰 강
카투 야리크(무서운 장소)
알미스-암염소
알미스에게서 태어난 아기
아부움 포오옴(아버지 어머니)
낙타 이름으로 불리는 골짜기
푸른 황소
사냥꾼과 알미스
곰
소를 훔친 도둑과 호랑이

첼칸인 이야기

황금 도끼
고아
키셀레크와 파를라나크
탁 툭 지팡이
토끼와 담비
바보 청년
텔베엔이 하늘로 올라간 이야기
황금 등자
날다람쥐
콜로복
세 아들
황금 수탉
고아 청년과 다람쥐
고양이
할아버지와 부자
자작나무 그릇

쿠만딘인 이야기

사냥꾼의 전설 1
사냥꾼의 전설 2
사냥꾼의 전설 3
사냥꾼의 전설 4
오온 강과 쿠그 강
개와 고양이
킬리슈 칸
델베겐
툰구스
할아버지와 고양이
엄마와 딸
델베겐과 마시파라크
부자가 된 쿠지마
자신을 모르는 너구리
바보 이반
마시파라크
카라 몬기스
아이 코크 처녀
뱀과 노인
세 아들
세 형제

투발라르인 이야기

알틴 콜과 알틴 투우(황금 호수와 황금 산)
카라티 칸
노인과 노파
반카와 그리시카
세 형제
오스큐스 오올로크
아크 표스 쿠우르친
오스큐스 우울
꾀 많은 여우
농부 파시파라크

나가이바크인 이야기

고양이가 식사 후 몸을 닦게 된 사연
아즈라킬의 장난
어느 집시 여인의 예언

바시키르인 이야기

에렌세 세센 이야기
투라칸, 야네바칸 그리고 에렌세 세센
하탐타이

쇼르인 이야기

안치 아비시카와 카라 몰라트
지주와 사냥꾼
사랑이 깊은 쿠
마법 모자
탐욕스런 농부
학과 까마귀
젊은 사냥꾼과 표범
프카
철의 산 테미르 타우
차기스

코미인 이야기

야즈바 강 이야기
수지야 강 신화
이오마와 두 명의 아가씨
무사 페랴
다리가 여덟인 개
페라는 어디로 갔을까?
루피예 강에 사는 페라와 미쟈
페라와 자란
사냥꾼 예파를
가르친 여우

텔레우트인 이야기

알타이 쿠우추니 이야기
케르 사갈 가의 형제

느가나산인 이야기

작자 미상
옮긴이 박미령
펴낸이 박영률

초판 1쇄 펴낸날 2017년 2월 25일

지식을만드는지식
03991 서울시 마포구 월드컵북로 46 청원빌딩 3층
전화 (02) 7474 001, 팩스 (02) 736 5047
출판등록 2007년 8월 17일 제313-2007-000166호
전자우편 zmanz@eeel.net 홈페이지 www.zmanz.kr

ZMANZ
3F. Chungwon Bldg., 46, World Cup buk-ro,
Mapo-gu, Seoul 03991, Korea
phone 82 2 7474 001, fax 82 2 736 5047
e-mail zmanz@eeel.net homepage www.zmanz.kr

ISBN 979-11-304-2717-1
979-11-304-2718-8(큰글씨책)
979-11-304-2719-5(PDF전자책)
책값은 뒤표지에 있습니다.